フローの住宅・ストックの住宅

——日本・アメリカ・オランダ住宅比較論

戸谷 英世

［推薦］一般社団法人日米不動産協力機構

井上書院

推薦のことば

わが国では、人口減少による収縮社会を迎え、フロー型の新築中心の住宅政策から、欧米並みのストック型である中古住宅の流通政策へと舵がとられつつあります。また、二〇二〇年の東京オリンピックを控え、外国人投資家によるわが国の不動産市場への投資促進の政策や国際化が求められています。

この二つの課題認識として、従来の住宅ストックにおける現在の資産評価の累計は、投資額の累計と比較して、五〇〇兆円を下回ることがあげられるのではないでしょうか。

この処方箋を「フローの住宅・ストックの住宅」と題して、先進国における不動産流通市場の成功事例、また、わが国の歴史認識からの視点で分析することが必要とされています。

JARECOでは、これまで、「わが国の住宅不動産の流通をいかに消費者保護の観点から変革すべきなのか。」という課題の解決に向けて、国内だけではなく、国際的な住宅不動産の仕組みを調査研究してまいりました。

国際化の大きなうねりの中で、不動産取引も国際的な標準化を意識した法律制度、技術革新は避けて通れない時代が到来しています。また、不動産は土地そのものが基盤になっていることにより、住宅不動産の取引は国際的に行うことができるとしても、住宅不動産自体は国境を越えて持ち出すわけにはいきません。

欧米では、住宅と不動産は一体不可分なものであり、住宅だけは工場生産される建材や住宅設備同様「動産」として取引することができても、個別に「不動産」として登記することや不動産取引の対象とすることはできません。

つまり、これら「動産」としての住宅は、土地に定着した段階で土地と不可分一体の不動産として土地に吸収され不動産となり、日本と違って減価償却しない恒久的な資産となります。

欧（ヨーロッパ）と米（アメリカ）は、中世以前の文明社会があったかどうかの違いがあるにしても、資産価値が高まる住宅不動産経営の実現を目指していることに関しては、欧米は基本的に共通の目標を追求しています。

しかし、わが国は明治の近代化以来、「欧米に追い付き、追い越せ」と欧米を目標に近代化を進めてきましたが、不動産取引の仕組みが基本的に違っているにもかかわらず、用語の定義をせず、各々の理解が進んできました。

例えば、欧米では金融機関がその担保価値を重視するため、住宅不動産の資産価値が上昇するための住宅地経営が行われ、住宅不動産は物価上昇以上の割合で上昇し続けています。

その結果、同じような立地に建っている住宅であっても、日本と欧米とでは、住宅不動産の取引価格の乖離が大きく異なることになると、筆者は力説しています。私たちはまず、この違いを正しく理解するために、先進国の成功事例とわが国の歴史認識を学ぶことが重要だと思います。

本書は、ＪＡＲＥＣＯが住宅不動産に関する勉強会を開催するための教材として、ＮＰＯ法人住宅生産性研究会(ＨＩＣＰＭ)理事長・戸谷英世氏に執筆していただいたものです。

筆者の戸谷理事長は、建設省の住宅官僚ＯＢで、官僚時代、建築基準法や都市計画法の立法にも関係し、日本の法律のモデルになったアメリカの建築法規やイギリスの都市計画法の知識も豊富な人物です。日本における官民の住宅産業界の半世紀の実務経験や欧米各国での住宅調査が反映された本書は、住宅不動産問題に取り組んでおられる方々に裨益するものと考えます。

一般社団法人日米不動産協力機構
本間英明

フローの住宅・ストックの住宅——日本・アメリカ・オランダ住宅比較論

目次

はじめに

戦後、戦前の高等文官制度に代わり国家公務員法が制定され、技官も事務官と同等の次官や局長の地位を与えられるようになった。建設省住宅局では、イギリス地方政務院で一九一九年に取りまとめられ、定期に発行されていた『ハウジングマニュアル』を翻訳し、その後、住宅局住宅建設課で改定増補するとともに、その実情調査にイギリスを訪問した。

それらを戦後の日本の住宅政策の基礎資料とすべく、一九五三年、住宅建設課で『住宅建設要覧』(日本建築学会刊)を編纂し発行した。戦後の技術官僚たちはイギリスの住宅・都市政策を学び、日本の住宅政策に採り入れようとさまざまな努力を重ねた。私が入省した一九六二年当時、住宅建設課では、技術的な問題が持ち上がると、上司は必ず『住宅建設要覧』を参考にするようにと指導していたものである。

退官後、民間の住宅産業で輸入住宅・輸入建材と北米住宅産業技術の導入の仕事に携わった後、NPO法人住宅生産性研究会を創設し、欧米からの住宅都市技術の移転と教育研修、調査研究を二五年間実施してきた。また、イギリスの住宅政策と都市計画法およびリースホールドによる住宅地経営理論を文献も含め調査研究した。

その後、エベネザー・ハワードの理論をもとに、アメリカでフリーホールドの住宅資産形成に進化させたJ・C・ニコルズとチャーリー・アッシャーが「ラドバーン」で実施した住宅不動産所有者の自治により実現する都市経営の理論と、全米各地で実践された多数の宅地開発事例を調査研究した。

その際、第二次世界大戦直後のアーバニズムによる住宅地「レービット・タウン」から、さらに、二〇世紀末に広く展開されたTND(伝統的近隣住区開発)、サスティナブル・コミュニティの開発、エコロジカルな開発理論をまとめた「アワニーの原則」を発展させたニュー・アーバニズムにより展開された開発を調査研究し、日本の住宅地開発に技術移転した。

本書は、半世紀にわたる日本と欧米の住宅産業界での活動を総括して、現在の日本の住宅を改善させるために何をしなければならないかを考察したものである。その方法として、欧米と日本の住宅を、学問体系の違い、技術・歴史文化的背景の違い、実際の人びとの生活文化の違い等について比較研究することから始めた。日本と比較して欧米が実践している優れた住宅の考え方、技術、理屈にかなった方法には、それぞれ必然性がある。その必然性と根拠を解明することによって、日本でも欧米の人文的な考え方、学問、技術を取り入れることが可能になる。

本書は国民と、政産官学の住宅関係者にヨーロッパ、アメリカ、日本の住宅の考え方の違いを明らかにすることを目的に、私の半世紀にわたる行政、民間住宅産業および研究活動から得た経験をまとめ、日本の将来の住宅改善に向けた調査研究報告である。

序 — 日本・アメリカ・オランダの住宅比較の視点

日本では、国民のほとんどすべてが住宅を取得することで資産を失っている。一方、欧米先進国では、住宅を取得することで、国民が資産を形成することが普通である。本書は、歴史文化の違った三つの国の住宅を多角的に比較研究し、その違いを共通の物差しで比べ、日本が欧米から学ぶべきものを調査しまとめたものである。

そこで比較対照を行った三つの国の基本的な違いは、人文科学に立つ「ストックの住宅」と、自然科学に絞ったものづくりに立つ「フローの住宅」の考え方と、それを実践している住宅政策の違いである。

(1)中世からの歴史文化のストックの上に造られたオランダの住宅

オランダ人の住宅の考え方は、住宅を「もの」として固定的に捉えるのではなく、家族の成長とともに変化する生活要求に対応する住空間として、維持管理され、改善し続ける空間として捉えている。その基本的条件は、住宅を国民の経済的負担の中で対応できるようにつくり、維持管理するとともに、住宅に対し正当な不動産鑑定評価がなされることである。そして国民の需要に支持され、売り手不動産市場が安定して機能することで、既存住宅の価値が推定再建築費＋コミュニティの熟成分で評価され、国民の資産形成がなされることを、国の住宅政策の基本においていることである。

社会住宅の占める比率が四〇パーセントに及ぶオランダでは、住宅はすべての人にとって、基本的人権を守るために不可欠なものであり、国家はすべての国民に、適切な品質の住宅を家計費支出の範囲内で享受できるように保障する政策を行っている。

同時に、持ち家を所有する人びとには、物価上昇率以上に住宅資産価値を高めることのできる持ち家政策を実施している。住宅需要に対応するフローの住宅政策は、海面下の土地を干拓と運河で生み出した国土のうえに、過去に造られた都市インフラと、都市の歴史文化の上に形成した住宅環境ストック全体の有効活用と、長期的な資産形成に向けて取り組まれている。フロー自体での利潤追及は、主要な政策目標にされていない。

オランダでは、猫の額ほどの土地であっても放置することはせず、それらを集約して、市民の地縁共同体の財産、コモン(共有地)をつくり、市民の自治によるコミュニティで管理している。

オランダは個人主義思想に立ち、都市計画で定められた土地利用計画は、市民の合意で決められた共有する社会的空間であるとの認識の上で、世代をまたがって共通認識ができている国である。住宅もまた、「土地と建物を一体不可分の住宅不動産」として、住環境の管理を法律で取り扱っている国である。日本よりはるかに狭い国土で、人口密度が非常に高いにもかかわらず、中低層で高密度な市街地には、驚くほど豊かな空地があり、市街地を離れれば長閑《のどか》な田園風景が続いている。

ここでは、中世からの土地利用が都市の住環境資産の一部となっている、オランダの住宅不動産の豊かさの秘密を取り上げた。オランダの都市は、運河による「城郭に囲まれた中世都市」を前提に造られ、過去からの歴史文化を生かし、市民の住環境を豊かに形成してきた。

そこに、オランダ人が近世以降、国民のニーズに応える都市環境を形成し、近代から現代へと社会ストックとしての住宅を実現してきた。オランダでは、ストックとしての都市環境と切り離された単体の住宅、土地と独立した不動産としての住宅の概念自体が社会的に存在しない。

(2)西欧に匹敵するストックを造りあげたアメリカの住宅

アメリカにおける住宅・建築・都市の学問領域は、西欧資本主義国と同様、人文科学である。アメリカは、正確にはヨーロッパ、すなわちイギリス、スペイン、オランダの植民地からの独立した歴史を経て、自由主義・資本主義国として主権在民を旗印に建設された国である。

アメリカには、西欧諸国のような近世以前の歴史文化のストック資産は存在しない。しかし、アメリカは政治の基本を国民の経済的な豊かさの実現に置き、西欧のストック資産に比肩できる優れた資産形成を実現する政策を展開してきた国である。特に建国時には、イギリスからの移民が圧倒的多数(約八〇パーセント)を占め、「英米法の国」といわれるように、イギリスの慣習法は現在も英米両国では有効とされている。

アメリカは建国以来、イギリスの文化・文明を基礎に、エベネザー・ハワードの『明日へのガーデンシティ』で示されたリースホールド(貴族の土地経営を参考にした住宅地経営)による住宅地経営が行われてきた。しかし、アメリカン・ドリームといわれるように、住宅不動産を取得し、その資産価値が経年的に物価上昇率以上に増殖する住宅づくりを実現するため、リースホールドによる住宅地経営の経験をもとに、フリーホールドによる住宅地経営に置き換える方法が開発された。そして、この開発はニューヨーク・シティ・コーポレーションによる歩車道分離を取り入れたラドバーン開発（ニュージャージー州）で最初に実践された。

住宅は国民の生活を豊かにする資産であり、その価値は国民の経済基盤として、将来の生活の安定を約束する。その個人の住宅資産を合計したものが国富である。金融機関の信用力を高めている基本は、融資の担保であるモーゲージ（住宅）の価値の上昇である。住宅不動産の資産価値を担保にした純資産担保金融（エクイティローン）は、国民の消費拡大の源泉である。地方の財政基盤を支える自治体の税源の基本は、住宅不動産の固定資産税である。このようにアメリカでは、国を挙げてストックとしての住宅不動産の資産価値を高めることに対する関心は高い。

住宅地の開発、住宅建設、住宅不動産の取引は、新築・既存住宅を問わず、品質と価格を基にした経済合理主義を背景に行われてきた。その不動産の流通市場は、消費者の利益を最優先にする公開取引市場（ＭＬＳ）、不動産鑑定評価方法（アプレイザル）および取引不動産の権利（タイトル）関係の厳密な第三者評価（エスクロー）によって、住宅不動産の公正な取引を保証し、住宅不動産の価値に対応した住宅金融により取引を円滑化してきた。

アメリカの住宅地開発は、ケントランズ（メリーランド州）の開発に象徴されるように、大陸からの移住者が、それぞれの民族のアイデンティティを大切にした空間としてつくられてきた。都市の機能や性能を問題にする以前に、「わが家」（アワーハウス）、「わが街」（アワーストリート、アワービレッジ）という帰属意識を抱ける個性的な都市開発が取り組まれ、全米に影響を与えてきた。ヨーロッパ各国からの移民たちは、母国の歴史文化と街づくりの経験を生かし、出身国以上に豊かな生活と住宅地を新大陸の環境に合わせてつくり上げてきた。

第二次世界大戦後、アメリカは世界で飛び抜けた経済力を背景に、戦争の間、休眠状態になっていた住宅生産と住宅地開発を、レービット・ハウスとレービット・タウンによる流れ作業に置き換え、「アーバニズム」と呼ばれる優れた郊外都市建設を推進した。しかし、アーバニズムによるスプロール開発により、都心部にドーナツ化現象という歪みが生まれた。その修正が、伝統的な近隣住区開発（ＴＮＤ）とサスティナブル・コミュニテイの実現を進める「ニュー・アーバニズム」（生き生きとしたコミュニティの建設）としてまとめられ、現代世界の住宅都市開発をリードしている。

(3)「和魂洋才」の下で造られた日本の住宅

近代日本における最大の問題は、江戸時代に幕府が諸外国と締結した不平等条約の改正であった。欧米列強と対等の関係を築く方策は、西欧文明に倣《なら》うこととされ、多数の「お雇い外国人」を雇用するために膨大な国家予算を使い、西欧技術を導入した。和魂洋才（日本固有の精神は変えずに、西欧の技術だけを取り入れる）の言葉どおり、欧米先進国から優れた技術を摂取し、政治、行政、経済、社会、教育の取り組みの目標とした。

明治・大正時代、日本は近代化といって徹底して欧米を模倣した。近代国家建設のため、国家のデザインを担う建築設計者を養成するため、東京大学に人文科学として建築学科が開設され、お雇い外国人建築家ジョサイア・コンドルが招聘《しょうへい》された。辰野金吾らに建築デザインを教育する一方、旧岩崎邸庭園、旧古河庭園、三菱一号館、六華苑など優れた近代建築を全国に多数設計した。

また、岩倉具視欧米調査団の報告を受け、日本が学ぶべき見本は封建制の残るドイツ（プロシャ）であるとされ、ビスマルク（プロシャ）の顧問建築家（ヘルマン・エンデおよびウィルヘルム・ベックマン）が招聘され、首都東京の都市計画を作成した。その実現にあたり、道路、公園、下水道等の都市インフラを建設する技術者の養成が必要とされた。その教育機関として、東京大学に土木工学部が設けられた。関東大震災を契機に、建築学は「意匠か構造か」の論争を経て、人文科学から工学に転換し、住宅・建築・都市のものづくりは、同じ材料、構造を扱いながら、建築工学と土木工学という、自然科学系の二つの学問体系をつくることになったのである。

その結果として、日本の住宅・建築・都市教育がものづくりに偏り、新築時点が最良の品質で、建設後は経年するにともない老朽劣化するだけの資産として扱うことになり、スクラップ・アンド・ビルドを繰り返し、日本の生活文化を育む空間づくりを阻害する原因をつくってきた。それがものづくりを目的とした日本のフローの住宅政策であり、人間の生活に合わせて経年しても豊かであり続ける欧米のストックの住宅政策と基本的に違っているところである。

欧米のように住宅・都市空間を人文空間と捉えると、空間は期待どおりの効用を発揮し、要求に応えて改善され、適正に維持管理・修繕されるため劣化することはない。したがって、既存住宅の価値は推定再建築費として評価され、物価上昇率以上に上昇し、個人の住宅による資産形成を実現している。しかし、建設工学として扱う日本では、人間の歴史や生活・文化といった人文科学の考え方を採り入れず、形態としてのものづくりとしたために、建設後は物理的・社会的に劣化するという減価償却理論の入り込むすきを生み、それが戦後日本の指導的な考え方になった。

(4)戦後半世紀の住宅政策を総括する

日本、アメリカ、オランダの三つの国の住宅比較を思い立ったのは、日本と欧米とがあまりにも違った住宅政策の道を歩むようになった理由を、どうしても解明したかったからである。

日本は戦後、戦災復興院が建設省になり、イギリスをモデルにした住宅政策を推進した。しかし、第二次世界大戦によって大きな戦災を受けた西欧諸国を文献で学び、また西欧の被災都市の復興の姿を実見して、その日本との違いの大きさに驚かされた。それは戦後の日本と欧米の住宅政策にそのまま反映されていた。その基本的な違いこそ、現代の日本と欧米の違いをつくってきたものである。

日本では、東京大空襲によって木造市街地が灰燼《かいじん》に帰したが、ロンドン(イギリス)やドレスデン(ドイツ)では、組積造の都市が廃墟と化し、ワルシャワ(ポーランド)では跡形の無いまでに破壊されてしまった。これら大きな戦災を受けた西欧の都市を訪問すると、いずれも戦災前の状態に再建されている。いずれの国家も、戦後は経済が破綻し、日本と比べても大差のない状態であった。日本と西欧の都市復興・住宅政策における最大の違いは何であったのか。戦争による破壊の程度や経済力の違いではなかった。この課題こそ、私の三国比較の大きなテーマである。

第1章
オランダの住宅

中世以来のストックの上に築かれた住文化

1－オランダの住宅と住宅地開発

「社会住宅」の国オランダ

イギリスのサッチャー首相は、財政破綻を救済するために公営住宅政策を放棄したが、これはそれまでの低所得者のための住宅政策を止めたものではない。欧米では、住宅政策とは人間としての尊厳を維持するために必要な品質の住宅を、世帯所得の範囲で提供することであると考えられてきた。

住宅の住み心地の良さは、寒暖の激しい自然や雨露から身を守るだけではなく、文化的な生活空間を創造し、個性ある豊かな空間とすることで、そこに住む家族に「わが家」と感じさせ、活力を生み出すものである。デザインの良さは、住む人の個性を引き立たせ、人びとを惹きつける魅力をもち、暖かさを演出し、人びとに家庭の豊かさを、未来への希望を育む。

そのような住宅はさまざまな形で供給されているが、いずれの住宅でも、建設費用は国民の所得や家計支出に比較して非常に高額である。わが国に置き換え大雑把に換算しても、現在の日本の全国平均で考えると、一戸当たり二五〇〇万円程度は必要になる。

その住宅を四万戸建設すれば、一兆円になる。イギリスでは当初より、建設費の補助を行ってきたから、その財政負担は非常に大きく、サッチャー政権は結果的に、公営住宅の建設戸数を大幅に削減しなければならない事態に追い込まれてきた。建設費補助は、当初の段階で補助金を投入するため、建設時に大きな国費が必要になる。その財源が厳しくなったときサッチャー首相は、他の西欧諸国と比較検討し、建設費補助による公営住宅に代えて、オランダなどで実施してきた「社会住宅」による家賃補助政策に解決の打開策を見つけた。

家賃補助政策は、それを必要とする世帯に助成をすればよく、生涯にわたって援助を抱え込む必要はなかった。そのため、住宅建設費の補助による家賃額の引き下げを行う助成より、入居者の家計費に見合った家賃補助政策のほうが、居住者の所得の向上を考えると、国家財政的には楽になることが判明した。一〇年を単位に考えた場合、ライフステージの変化に対応した所得の変化をみると、個人差はあっても世帯所得の成長は大きく変化する。子どもが成人して巣立っていけば、家賃補助が不要になる世帯もたくさん生まれる。

住宅を対象に助成をしてきたイギリスのそれまでの住宅建設費補助金制度では、仮に入居者の所得が向上し、所得の上昇に合わせて家賃を引き上げるレントリベート方式にしても、入居者の既得権が大きく影響する。政策家賃は、市場家賃ではなく相対的に安いため、入居者に既得権的な援助を継続することになる。一方、住宅を対象にせず、居住者の所得を対象にすれば、一定所得を超えた者には住宅費助成を打ち切ることもできる。

平均で一か月五万円の家賃補助とすると、一戸当たりの建設費二五〇〇万円では、五〇〇か月の家賃補助額に相当する。一〇年間の平均的な公営住宅政策に対する家賃補助は、大雑把な計算をしても、一〇年間を住宅政策の目標実現期間と考えれば、家賃補助は公営住宅建設費の助成に対する財政負担の四分に一以下に過ぎない。同じ財政資金で支援を受ける人を四倍にできるならば、支援を受けた人に手厚い助成をする政策よりも、政策の対象者に対し広く支援をするサッチャーの政策は、国民の適正住居費負担で住宅を供給する住宅政策の基本に照らして正しいと判断された。このサッチャー政権の政策変更のモデルこそが、オランダをはじめとする西欧の「社会住宅」政策である。

西ヨーロッパにおける戦災復興の取り組みと家賃補助政策

西ドイツのアデナウアー政権は、国民が経済的に安心して生活できる住宅を建設するため、一〇〇年間、金利ゼロの公営住宅政策を行ったが、イギリス同様、その財政負担に悩まされ、家賃補助政策に転換した。西欧諸国の戦後の住宅政策は、自らの歴史文化を大切に考えて、住宅はどうすれば国民を幸せにするものになるかを考えた結果といえる。

この家賃補助政策はオランダを筆頭に、ドイツ、フランス、ベルギー、イタリアはもとより、デンマークやスウェーデンなど北欧先進国で、制度的にはそれぞれの国情を反映し、多様な方法で実施されていた。イギリスはそれらの実態を調査研究し、財政負担の問題と同時に、公営住宅の居住者と比較して、社会住宅のほうが入居者の自立意識を高める住宅政策であると判断した。サッチャー政権は、西欧の社会住宅政策に倣ったのである。

家賃補助制度により国民の住水準を保障する住宅を総称して、欧州では、「社会住宅（ソーシャル・ハウジング）」と呼んでいる。国家が、国民にとって適正な品質の住宅を、入居者の負担できる範囲で享受できるように家賃補助を行っているものである。そのため社会住宅は、居住者の生活視点から見て、一定の品質の住宅を毎月の家計収入の三〇パーセント以下の家賃負担で供給している。世帯規模、家族構成やそのライフステージにより、必要とする住宅の規模も空間構成も異なり、市場の家賃とは大きな差異がある。適正規模の住宅に居住することを国民の権利と認め、家賃負担額は所得水準の三〇パーセント以内に決められ、補助額は実額家賃との差額として決められる。

その結果、社会住宅は重い住居費負担から国民を解放し、家賃補助で軽減した分だけ高い消費能力を保持させ、豊かな消費を促し、国家経済を活性化させている。オランダでは、その他のヨーロッパ諸国と同様、適正規模の一定の品質を具備した住宅は、国民が生活する上での基本的人権を保障する条件なのである。日本では、住宅や食品等の生活必需品にまで高い消費税がかけられているが、欧米では食品と住宅に対する消費税は、基本的に免除されている。衣食住という国民の生活は、国家によって保障されなければならない主権在民の考え方に立った政策である。

オランダの社会住宅層と持ち家層

国家が住宅政策によって国民の住宅に介入する理由は、国民の納税義務に対し憲法で定めた健康で文化的な住環境を、住宅に困窮する世帯の家計費支出の範囲で供給しなければならない義務があるからである。オランダ政府が実施してきた社会住宅政策の現実を見ることで、オランダでは国家が国民の生活要求に合わせて住宅政策を実施していることを、居住者との質疑の中で肌で感じることができた。

オランダの社会住宅では、家賃負担が家計収入の三〇パーセント以下になるような家賃補助を受けて生活することを、居住者も当然の権利と思っている。社会政策としての住宅政策とは、教科書に書かれている抽象的なことではなく、オランダで実施されているように、「選択の自由を重視する政策」として実施したものであることを具体的に感じることができた。

頭金を貯めて自宅を購入し、住宅ローンや固定資産税を支払い、その維持管理費や修繕費を捻出することで、厳しい家計のやりくりをしている持ち家階層たち納税者（タックスペイヤー）の視点からは、「社会住宅階層に国家の過大の助成が行われ過ぎている」との批判もある。それは、生活必要経費として家賃支払いをする社会住宅の居住者と、住宅の資産価値の上昇に期待して、将来の生活基盤として資産を拡大するために投資をする持ち家階層の意識との違いである。それぞれを納得させることができているのは、社会住宅階層ではその家賃負担が過大にならず、住居費負担の軽減分が消費の拡大に回り、豊かな生活の実現になっているからである。

そうした消費の拡大は、社会経済の視点から見ると、景気の刺激になっている。一方、持ち家階層では、住宅の適正管理を行うことで、維持管理および修繕費に固定資産税を加算した住居費負担は重くなっているが、その費用を投資額と考えたとき、住宅の資産価値が投資額以上に確実に上昇している社会の仕組みが整備されていることで納得している。リモデリングについても同様で、現在の住宅をライフステージに適合したものにする住環境の改善投資は、住宅の資産価値増として報われるという充実感につながっている。

オランダ人の住宅の資産価値と「耐用年数」に対する理解

人びとの生活文化に対するニーズに応え、主体性をもって住宅地経営の努力をし続けていくことで、住宅はつねに改善していくものと理解されている。その改善が、既存住宅の取引市場では、投資した費用以上の高い評価として反映されていることで、リモデリングを行うことに確信がもてる。オランダにおいては、既存住宅の不動産評価鑑定は、その住宅を現時点で建設した場合の価格（推定再建築費）として評価される。建材や住宅設備は、物理的に経年劣化するから、取り替え修繕する。そのようにつねに維持管理され、時代の要求にあったリモデリングを繰り返している住宅は、劣化することはないと説明されている。

アムステルダム都市圏に新しく開発された住宅団地では、アムステルダムの都市施設や商業施設が、自分の住宅地の施設として利用できるように計画されている。既存施設の側も新興住宅地からの顧客が増え、内容を充実させる良循環が生まれ、新規供給住宅の資産価値が既存施設の利用で上昇するのは当然とする理解が、社会的に形成されている。

「住宅に物理的な耐用年数があるか」という質問にオランダ人は、「これまで聞かれたことがない」として、日本の政府が行っている減価償却理論を説明すると、経年劣化をしないように住宅は維持管理がされ修繕が施されている。具体的に減価償却は起こらないにもかかわらず、減価償却理論を適用して住宅不動産の評価をすることに合理性はない、と一蹴された。人びとが健全に住環境を維持管理し、必要な修繕を施している住宅は、理論上も、経験的にも、構造材料のいかんにかかわらず、物理的な耐用年数は存在しない。

イギリスやドイツには、五〇〇年以上使われ続けている木造住宅が普通にあり、健全に修繕され、維持管理されている。住宅が減価償却されることは、実際上も、理論上もあり得ない。シェークスピアの生誕地ストラットフォード・アポン・エーボンは観光地としても有名で、多くの日本人も訪問している。そこの街並みは、五〇〇年以上経過した木造住宅で造られ、現在も人びとは生活している。これまで物理的な劣化を放置するような形で、住宅に使用された建材の劣化が進み，それをもって住宅の耐用年数が社会問題になったことはない。その逆に、日常的な修繕や、高気密・高断熱など時代の要求にあったリモデリングを繰り返して、快適な現代生活を享受する住宅に改良して使われている。

適正に維持管理と修繕が行われている住宅に耐用年数が存在しないことは、生活経験上、普通に認識できるものであり、二〇〇〇年、三〇〇年経過した現在も使われている住宅を通して、イギリス社会が実感していることである。その限りでは、屋根や外壁に使用されている建材には、すべて例外なく耐用年数があっても、健全に修繕と維持管理や改善が施されている住宅には、耐用年数は理論的にも社会的にも存在しない。築後一〇〇年程度経過した住宅は、西欧社会の住宅ストックの中では、むしろ新しい住宅と呼んでいるし、住宅市場でも新築住宅と競争している。エネルギー問題が社会・経済問題になり、エネルギー損失の大きい開口部をペアーガラスの窓に替え、気密断熱工法が広く取り組まれている。こうしたリモデリングは、既存住宅の価値を上昇させるが、減価償却理論とは無関係である。商法上の減価償却は資本蓄積のためで、不動産の価値評価にためではない。

社会住宅の設計技法

ライデン郊外の町ファン・アン・デン・ラインでは、家賃補助を受けている住宅団地を見学した。一つは単身居住者のもの、もう一つの住宅棟はアシステッド・リビングの社会住宅で、世帯向け住宅である。

そのうち、単身居住の一般住宅はメゾネット・ハウスで、かなり高密度に開発した四階建の中層共同住宅(マルチ・ファミリー・ハウス)である。住宅はワン・ベッドルームであるが、グレートルーム(リビング・ダイニングにキッチンが付いている)にこじんまりしたベッドルームが付いていた。天井高さは三メートル程度で、住戸の前後には、外気に面した開口部があり、そこからの屋外の眺望は非常に素晴らしく、開放感の高い住宅空間がつくられていた。オランダ人の背丈は高いが、それ以上にオランダの住宅の天井高は高い。

この住宅計画は、オランダの市街地によく見られるコートハウス形式の伝統的な二階建の市街地住宅を二層に積み重ねた結果、四階建のメゾネット・タウンハウスの技法を使った共同住宅ができていた。このオランダのコートハウス型式の住宅は、土地の中低層高密度を図る手法として、中世からつくられてきた住宅の開発手法と基本的に同じ方法を二層重ねたものである。

この開発方法は、敷地の周辺道路に沿って住宅を建設するとともに、住宅はいずれも隣地境界線に接して建設されている。そうすることで、定められた建蔽率《けんぺい》(空地率)により生み出された空地が、コモン(共有地)としてコート(中庭)を形成し、視覚的にも住宅からの眺望を良くし、またコートは

並木道の両側に赤レンガの屋根裏居室付き連続住宅が並ぶ

通りに向けて居住者は前庭を飾り，歩行者を歓迎する

住宅から見られることで、安全な公園として利用されている。

このような都市の開発手法は、中世からヨーロッパで実施されてきた中低層高密度住宅地の開発技法である。管理の行き届かない土地利用を認めないという、絶対的に土地不足の社会から生まれた開発技法であることがわかる。ヨーロッパにおける都市は、外敵からの侵入に対処するため、城郭や連続した建築棟で囲われていた。中世から近世にかけてオランダでは、運河が都市を守る防衛用と交通・運輸用として造られ、建築物は城壁となるようにすき間をつくらない都市づくりは、社会経済の変化にもかかわらず、都市空間の伝統として大切に守られている。現在でも市街地住宅の建築方法として、すべての建築物は前面道路に接して建築するとともに、隣地境界線に接して建築物をつくる方法が一般的となっている。その隣地境界線に接して建築物を建てる利点を、以下に整理しておく。

西欧の市街地住宅・建築における八つの原則

ヨーロッパのほとんどの市街地住宅・建築は、前面道路に接するとともに、隣り合う建築物は隣地境界線に接し建築されている。その理由は、以下のような経済的、文化的合理性がある八項目に集約されるためである。

(1)**都市防犯（セキュリティ）**：前面道路および隣地境界線に接して建築物の外壁を建設し、侵入者が隠れることのできる空間をつくらない。

(2)**都市の美観（景観）**：利用価値のない空地は管理がおろそかになり、都市景観の観点からも見苦しくなるので、そのような隣棟間空地を設けない。

(3)都市防災(市街地火災)：建築物間の狭い空地は、火災時の熱風が通り抜ける空地となり、延焼や都市火災の原因を形成し、避難と防災活動を妨害するため、すき間は設けない。

(4)耐火建築と遮音構造：欧米の防耐火構造を調べてみると、耐火性能の基準と遮音構造の基準が同じであることを知らされる。壁や床、屋根の耐火構造は、結果的に遮音構造となっている。

(5)街並み歩行環境：市街地の道路に向けてつくられる狭い通路や空地は、風が速い速度で吹き込むため、冬季に道路を歩く人に横なぐりの強い寒風を吹き付け、歩行を妨害する環境をつくる。

(6)温熱流出入：住宅への温熱の授受は、建築物の外郭(エンベロップ)を介して行われるため、外壁など外部総面積を最小にし、隣り合う建築の間に外気を侵入させない。

(7)建築費用の節約：隣地に面する壁は、他人に見られる壁ではないため化粧をする必要がない。しかし、隣棟間に空間をつくると、見られるために化粧せざるを得ず、無駄な出費となる。

(8)土地利用密度：前面道路と隣地境界線に接して建てることは、最も土地利用密度を高める方法である。中世城郭都市の伝統として、土地の有効利用で密度を高めることが重視されている。

以上八つの条件から、隣接する建築物の壁は構造壁として造り、お互いに接して造ることで、防耐火・遮音、伝熱、構造耐力などの面から有利な建築を造ることができる。

メゾネット・タウンハウス

国土の四分の一以上が海水面下にあるオランダでは、中世から土地の高密度利用が進み、特に人びとの安全を守るための市街地は、運河・城壁に囲われた内部を高密度化する技術が、長い歴史の中で開発されてきた。建蔽率制限に合わせて建築し、残りの利用可能性の少ない空地を集めてコモン（共有地）に集約して、利用可能性の高い空地にしている。コモンとしての土地利用のルールを、コミュニティとして作り、守る方法が確立している。

高地価の土地で豊かな空間環境を向上させるためには、地価負担を引き下げるための高密度開発をしながら、コモングリーンや広場を囲う形のメゾネット・タウンハウスのような土地利用は、オランダでは避けて通ることができない立体的な共有空間利用の取り組みである。メゾネット・タウンハウスを導入することで、戸数密度を高めながら専用住宅の面積を大きく、共用部分の面積を少なくできるほか、廊下がスキップとなることで、一階おきに二面の外壁に完全眺望がとれる住宅を計画できる。その結果、各住宅からの眺望を大切にするとともに、住宅からの眺望を含んだインテリアを豊かに演出することができるのである。

オランダのアシステッド・リビング

見学した住宅地全体は大きな社会住宅団地で、さまざまなニーズに応えた社会住宅が経営されていた。単身の母親が住んでいる住宅は、入居制限が五五歳以上である。この家族の場合も、それぞれの家庭の生活を尊重しながら、お互いが提供できるサービスを持ち寄り、自分のライフスタイルを実現していた。支援をする側も支援をされる側も、お互いの生活を尊重し、無理をしないで助け合う生活を選んでいた。

高齢者には身体の機能低下が起きるので、日本ではそれらを介護の対象とし、介護保険事業の対象にする住宅をアシステッド・リビングと考えている。オランダでは、「介護のお仕着せ」をしない。安く提供できる介護サービス支援でも、本人が望まないものを押し付けるべきではなく、そこには福祉の三原則(生活の継続性、残存能力の活用、支援方式の自己決定)が、高齢者本位の考え方で貫かれている。

アシステッド・リビングは、高齢者の自立した生活を前提にしたもので、パッシブ・リタイアメント・コミュニティではない。孤独死や不慮の事故の発生を未然に防止・発見することを目的に、日常生活を見守るもので、NPO法人住宅協会が居住者の安全(生存確認)を毎朝午前九時に見回り、住宅の外から確認するシステムである。居住者が住宅の玄関の所定の場所に、ハートの形の意思表示板を一定時間掲示し、「元気」表示するシステムは、単純のようでお互いの権利義務を明らかにした方法であり、人びとの生活を尊重した社会を育んでいる。居住者の「元気」表示が掲示されていない場合には、管理人がその住宅の中に強制的に立ち入ることができる。住宅の管理主体と居住者との間での民事契約で、強制権の行使を認めるものである。

高齢者支援に対するオランダと日本の考え方の違い

この住宅団地での生活は、基本的に個々人が自分の生活に責任をもって行動することを前提にしており、食事サービスなどは実施しない。ケータリングサービスを求めれば、対応する。その代わり、居住者がショッピングに出かけたりする生活必要行動に対しては、公共バス料金並みでタクシーサービスを利用できる。本人が家事などをすべて実施する前提での生活であるが、友人や家族の援助が必要な場合には、同行者もタクシーサービスを利用することができる。

日本では高齢になると、生活の物理的支援を受ける高齢者福祉住宅を考えてしまうが、オランダでは個人的なライフスタイル（例えば、家事を生き甲斐とし、他人を食事でもてなし、コミュニケーションを楽しむ）の実現が、人間の豊かな生活の基本として尊重されている。

オランダの高齢者介護対策は、日本とまったく対極にあるもので、個人の自由、選択の重視から援助効率は悪く、全体的な援助経営の視点からは不経済になっている。しかし、オランダ人は物理的なサービス内容が結果的に低くなっても、個人の自由な生活を実現することが、サービスを受ける人にとって最も大切なものと考えている。提供されるサービスの高さより、生活者を中心に置く考え方である。

アシステッド・リビングの住宅計画

見学したアシステッド・リビングの住宅は、二つの住棟がペアで対面する形でつくられ、住棟間の一二メートル以上あるパサージュ(隣棟間の空間)をコモン(共有)のコミュニティ空間にし、屋根部分を開閉できる全天候型の広い開放的デザインでつくられている。このように計画することで、視覚的には屋外のような開放的な空間でありながら、屋内と同じ環境管理(温湿度など)ができる。対面する住棟は片側廊下であり、スカイウエー(空中廊下)が二住戸ごとに架けられ(幅員二メートル)、眺めの良い場所となっている。

各住宅の前にアルコーブ型のホールを設け、植栽で飾られたプランターが置かれ、独立性を高めるように造られている。三階まで吹き抜けのパサージュに造られているため、スカイウエーが中空を走るダイナミックなデザインを演出している。屋上部分には避難用のスカイウエーが造られ、安全避難の配慮がなされていた。また、スカイウエーでつながった基本住棟の住宅も、対向する棟の玄関が対面しないように、スカイウエーの突当りには、もう一方の住棟の玄関を造らない計画とされていた。いずれも費用をかけないで、住む人の生活を快適にする配慮である。

これらの住宅はすべて、リビング・ダイニング・キッチンを一室にしたグレートルームとワン・ベッドルームで構成されていた。住宅としては、居住者の見回りを重視する管理部門と居住者のアクティブなライフスタイルのためのコモンスペース(共用空間)がつくられていた。そこで居住者がビリヤードやカードを楽しみ、歌をうたい、楽器を演奏する。また用意された図書で読書をし、会食やパーテイを行い、各種の手芸や絵画など趣味を生かした活動ができるように計画されていた。居住者が自由に集まる空間をつくることで、あまり意識をしなくても、居住者どうしの出会いの機会を高めるように考えられていた。生活自体にゆとりがあって、時間がゆっくり流れているように

並列して建てられた2棟の間には，パサージュが設けられ，全天候空間となっている

吹き抜け（3階分）空間にスカイウエーが設けられ，ダイナミックな空間となっている

感じられる。住み心地が良いためか、居住者の平均年齢は年々高くなり、最も若い居住者の年齢は、七〇歳代とのことであった。

2―オランダの現代住宅

コモン〈共有地〉のあるインターナショナル様式で建てられた現代住宅

この住宅は戦後の機能主義のデザインで、インターナショナル様式の連続住宅、複数棟で構成される住宅団地である。その住宅地計画の考え方は、基本的に昔からのバックアレーを挟んで対称形に並んで建てられ、伝統的な住宅地の生活システムを尊重し、外観だけを現代のインターナショナル様式のファサードに変えたものである。

オランダの住宅は戦後四五年を経過し、急激な都市化が進行した中で、新しい産業構造にあった生活に適合した機能主義的な空間が供給されてきた。それらの住宅は、現代の生活にあわせた変化を取り入れているが、コモンで結ばれた生活文化を継承し、伝統空間を基本的に踏襲している。そのような住宅地計画を規定している最大の条件はといえば、大切にしている生活文化を継承できるよう低層高密度な開発をしながら、豊かな空地をコモン（共有地）として造り、そのコモン空間がコミュニティとして自治管理されていることであった。

この住宅地経営は、全体計画を先行させて、その後、住宅購入者の住宅費支払い能力の範囲で、購入者が必要とする床面積を、羊羹《ようかん》を切るように垂直に切り分ける方法がとられていた。すべての住宅にとって心地よい適正な機能と性能を具備した独立住宅を、隣地境界線に接して建設するアタッチドハウス（連続住宅）の型式で供給する方法である。

できあがった住宅を見ると、全体のマスタープランとしては計画上のヒエラルキーを考え、住環境の基本が決められている。そして、住宅地のどこからでも広場空間を眺望できる景観づくりを重視したインターナショナル様式のデザインでまとめられている。連続して建てられている住宅の規模はすべて違っているが、住宅地全体が一体的なデザインでつくられているため、住宅地全体に無駄な空地はなく、住宅ごとの境界も敷地規模の違いも、外観を一見するだけではわからない。

マスタープランの段階で、住棟配置として、視界を妨害する電線や電柱のない広い空を眺められる低層(三階建)高密度な開発を計画している。そのため、購入者がそれぞれ必要な床面積を切り取っても、一戸当たりの土地費用の負担を引き下げながらすべての世帯に眺望が確保できている。マスタープラン段階から、住宅地全体としても、各住宅にとっても、できる限り広く緑豊かな環境をつくる方法であり、その鍵を握っているのが、コモングリーンとコミュニティによる管理である。すべての住宅のファサードが前面道路に接して建てられ、住宅の大きさによって玄関位置は違うが、前面道路が曲線であることもあって、基本デザインが同じ外観のファサードが連続しているため、玄関の位置や相互の間隔が違うことも、街並み景観の違和感にはならない。

バックアレー(裏通り)で結ばれた連続住宅の計画

住宅地はその敷地の周辺が運河、鉄道、道路といった公共施設と隣接し、その間に一メートル程度の緩衝緑地帯を挟んで住宅が建設されている。住宅の前面には、幅員一・五メートルの側道(サイドウォーク)付きの道路に面して奥行三メートルのフロントヤードがある。フロントヤードには、

正面の住棟前の道路は路上駐車可能（両側）

左側（公園）と団地内道路（駐車不可）と側道・個人住宅の前庭

住宅ごとに居住者の個性を生かしてベンチが置かれ、植栽や藤棚がつくられ、前庭にはプランターが置かれて、ファサードがつくられている。三階建のアタッチドハウス（連続住宅）は、玄関周りのわずかな空間の演出と外構の装飾により、所有者それぞれの個性を発揮する場所になっている。

奥行一二メートルのアタッチドハウスの裏側には、奥行一〇メートル程度のバックヤード（専用庭）が付き、そこにはテラスと小さな庭があり、庭仕事や自転車等を収容できる物置がつくられている。バックヤードには、塀で仕切られた勝手口から、自転車やオートバイが出し入れできる程度の出入口の付けられた幅一・五メートル程度のバックアレーが造られている。そのバックアレーを挟んで背中合せにアタッチドハウスが建設されている。そのため住棟間の空地の幅は、全体で二二メートル程度あり、木々や竹、草花の生い茂った空間となっている。

この住宅地が開発された当時、バックアレーとバックヤードは、区画のない状態で販売されていた。販売当時はコーポラティブハウジングやコウハウジングの考えが世界的に流行っていて、隣りどうしでアウトドア空間を共同利用する試みが提案され、垣根を取り払って共同の庭として使うなどの試行錯誤が行われていた。しかし、その後の二五年が経過する中で、各住戸のバックヤードは独立性を確保した庭となり、それぞれの家族のライフスタイルを反映したガーデニングが始まり、各住戸の区画を明確にした上で、相互に交流するライデンの伝統的な庭に回帰している。

ミックスト・ハウジング（多種多様な住宅の混合）

アタッチドハウスとして全体が計画的に建てられているが、隣接している住宅は、それぞれの床面積が違う戸建住宅が隣地境界線に接して建築され、住宅棟全体としては一つの建築デザインとなっている。その住宅計画は、マスタープランとして住宅棟計画が先にあり、アタッチドハウスの建築設計指針を受け入れた住宅購入者が、それぞれ必要とする床面積を垂直に切り分けて買い取り、住宅開発業者が用意した材料オプションを選択する。インテリア・デザインとしては、各世帯が希望するＤＩＹによる材料を自由に選択し、世帯ごとの特性を生かして仕上げたセミ・オーダーの住宅である。

各世帯は、ＤＩＹ材料を供給するホームセンターで仕入れ、一週間程度の実技研修で必要な技能を習得し、住宅購入者自身で工事を実施する。そのため、単に建築費を安く切り下げたい人だけではなく、自分の住宅を自分自身の力で造りたいと望む世帯が入居者として集まってきた。その後に発生したリモデリングに際しても、近隣の協力が得られており、アメリカのニュー・アーバニズムにおけるミックスト・ハウジングと同じ考え方である。

実際の社会にあっては、ライフステージやライフスタイルにより所得は変化するが、同じようなライフスタイルを希望する人はお互いに助け合う。入居者はライフステージが変わっても、必ずしも移動するとは限らず、多様な人たちが不足し合う能力を補って、助け合い、豊かな環境をつくっている例は多い。アメリカでは近年、多様なライフステージに対応する世帯が居住するミックスト・ハウジングを供給することが重要だと考えられてきた。

この住宅地開発では、専門業者が費用対効果を最大にする地縁共同体のつながりを大切にしたライフスタイルに合った全体計画をつくり、開発業者が用意したオプションの中から住宅購入者の希望するインテリアを、それぞれのライフステージに合わせてつくる方法である。

バックヤードの利用も世帯ごとに、ライフスタイルに合わせたガーデニングを行い、管理することが個性ある生活を営む上で必要である。両隣りとの間の生け垣や庭の植栽を相互に利用する理解がつくられている。隣り合う世帯の生活を共同化することではなく、お互いの違いを尊重し合うことが、相互の生活を豊かにする。フランク・ロイド・ライトは、住宅・建築・都市づくりにおいて重要なことは「民主主義の実現である」と言っているが、それはお互いの違いを尊重し合う多様性の調和を指している。

バックアレーを挟んだ隣保住区による環境管理

ライデンの伝統的な住宅地は、公園(コモン)を先に計画するのではなく、各土地所有者が利用した残りの利用価値のない土地を供出し、集約して公園にしている。住宅地の外側の隣地境界線に沿って住棟を計画した結果、その住棟の反対側に残された土地が、住宅に囲われた中央公園になっている。背中合せに造られた幅員一・五メートルのバックアレーを利用する近隣住宅地が、隣保計画の基本単位となっている。

住宅地の中心に造られた公園は、共同の土地(コモン)を利用してつくられたものである。そこには、子どもの遊具も置かれている。複数のバックアレーを挟んで形成された隣保単位を集約してつくられた近隣公園には、住宅地全体から子ども達が集まってくる。子どもの目線で見ると、近隣公園(ハブ)を中心に、バックアレーを短縮路(ショートカット)として利用する道路網(スポーク)ができている。近隣公園を囲んで、側道のある自動車道路がつくられている。正確に言うと、子どもの遊び場のある公園と、車道と側道は、住宅地内の生活の中心施設で、すべてコモンである。

道路および側道や公園に対して、ライデン市の管理監督も及んでいるが、土地の所有権が公共機関の管理下にあり、コモンとして管理されている。それは道路交通の安全管理や公共施設の公共管理権とは違っている。日本では、公物・私物の管理権を区分しているが、オランダでは公権力による公共施設管理と別に、コミュニティによる管理が中世から機能している。日本では、開発道路は公共管理が一般的であるが、オランダでは住宅団地の場合、開発道路がコモンに築造され、コモン自体の財産管理は基本的にコミュニティ管理である。

ここで紹介する住宅地の経営管理は、人びとの生活視点から見たものである。日本における公共施設に関する行政の関与という視点からは、施設の管理者本位の理解になりがちである。オランダの社会制度の理解は、利用者本位の施設管理がなされているかである。オランダにおける住環境を守る制度を、日本的な施設管理者中心の視点から理解することは難しい。

住宅地内の道路や側道は、バックアレーとは違って、一団の住宅地内の生活道路（敷地内への通路：ドライブウエー）であって、住宅地内の全ての人を対象にしている。しかし、その道路は、通過交通の利便のためのものではない。つまり、住宅所有者の土地を少しずつ供出しあってつくったコモンであり、「コモンは、自分たちで管理する」という考え方に立っている。

公園には，卓球台（脚は人間の足の形），滑り台，ブランコ，ジャングルジム

公園内の石畳の広場（多目的遊び場），右は車道

お互いの違いを認め合う地縁共同体の生活

公園に面した住宅の台所には大きな窓があり、公園で遊んでいる子ども達の様子がわかる。わが子が遊んでいる様子を見て親たちは安心しているし、地区外からの車が停車していないか住民全体が気をつかっている。言い換えれば、住民のすべてがウォッチャー（監視人）でもある。フロントヤードから幅三メートル離れた側道を歩いている人からは、台所で仕事をしている家族の様子だけではなく、家の中も丸見えである。

窓から住宅の中を覗《のぞ》かれないようにカーテンを吊ったり、ベルギー人がするようなレースを窓面に吊ったり，ガラスに貼ったりすることをオランダ人はしない。同じ地区に生活する者どうしが、お互いにその生活を知ってもらうことに恥も衒《てら》いもいらない。それぞれが違った生活をしていることがわかることは、相互理解の上でむしろよいと考えている。お互いが隠し立てしないところに、相互の信頼関係も深まる。

住宅の資産価値を落ちないようにする上で最も基本的なことは、住宅地のセキュリティが守られることである。住宅を販売するとき、セキュリティに不安がある住宅は、買い手の腰が引ける。そのため、欧米では例外なく、住宅の資産価値を高めるために、高いセキュリティ管理をすることになる。セキュリティの高い住宅地として、アメリカではゲーティッド・コミュニティやスマートハウスが採用されてきた。しかし、調査の結果、これらの住宅地はセキュリティ対策をしてもしなくても、一般住宅地に比較して統計上の差異は生まれないことが明らかになった。

調査の結果わかったことは、居住者が相互に理解し合ってコミュニティが機能している住宅地こそが、セキュリティの高い住宅地であることが判明した。居住者相互がお互いを理解しているコミュニティでは、部外者の侵入に対して高い警戒感を共有しているからである。セキュリティそのものを高めるのではなく、伝統的な近隣住区そのものの地縁共同体の存在が、結果的にセキュリティの高いコミュニティをつくっていた。

そのような考え方に立った開発を、アメリカではTND（Traditional Neighborhood Development：伝統的近隣住区開発）という。そのモデルがオランダにはある。中世につくられ、現代に伝承されているコモンの空間であり、近隣住区を外敵から守るコミュニティ（地縁共同体）による住宅地経営である。

かつて私が、『アメリカの家、日本の家』（井上書院）の中で紹介した「人っ子一人姿の見えない住宅地に入ったある日本人が、車を溝に脱輪して困っていたところ、それまでの行動を観察していたかのように、多数の住民が現場に現れ、車の救出に力を貸してくれた」という実話が、行政学会でのコミュニティの研究材料に使われた。欧米では、住民全体が外部から来た人に対してウォッチャー（監視人）になる。住民の住宅地に対する帰属意識は、家族にとってはアワーハウスであり、街並みに対してはアワーストリートであり、街に対してはアワーヴィレッジである。「わが家」の概念が、地縁共同体に向けて広がり、住宅地の環境を守っている。

居住者の帰属意識が、セキュリティを守る絆となる。アメリカのニュー・アーバニズムの考え方は、住宅の資産を守るための重要な鍵となるのは、住民の地域に対する帰属意識によって相互の生活を尊重し合うことで、犯罪を生じる隙を与えない住宅地を造ろうとするものである。犯罪は結果であって、それを目的とする防犯対策をしようとしてはいない。資産価値を守る鍵はセキュリティであるが、そのセキュリティは地縁共同体による人のつながりである、という結論を裏書きするものである。

オランダ人は、中世から、外敵の侵略に対し自己防衛することに心掛けてきた。一六世紀にスペインがライデンを陥落させようとしたとき、ライデン市民は海水から国民を守るダムを欠壊させ、命と財産とを犠牲にしてまでもスペインの支配から市を守った。自分自身の財産を守るには、命を賭けて守らなければならないとする考え方が、中世の地縁共同体の考え方である。中世には、王侯貴族が力により人びとを支配し、領地の安全を守らせることもあったが、ギルドが社会経済の中心となってからは、税金を支払っても市民の自治を守ることを重視してきた。

地縁共同体が一体となって行動するためには、共同体を構成する人たちが主体性をもって地域を守ることが必要であった。人びとの間に上下を認め、優劣の差別をする考え方では、皆の力を結集することはできない。重要なことは、お互いを尊重し合うために必要な情報を、お互いが共有することである。隣人との違いを自分の優秀性と考える差別意識は、オランダ社会では反社会的として排斥される。

駐車位置が特定されていないパーキングの効用

車道に面している住宅の居住者は、路上に駐停車するが、通常は路上駐車を容認している場所にしか駐車はできない。この住宅地では、駐車場は世帯数に見合った数だけ設けられているが、駐車する位置は特定されていない。駐車する場所が特定されていないことは、駐車場探しに無駄な時間が使われているように思われるが、駐車場の総量は足りているため安心感があり、余裕をもって探すことができる。毎回駐車する場所が違うため、隣りに駐車する人が毎回変わるわけで、より多くの人と挨拶をする機会が増える。日常の生活を通してお互いの関心事が理解でき、近隣に生活する人の情報を知る一つの手段にもなっている。

3―大学街ライデンの生活と街並み

限られた土地を有効利用しているオランダ

日本の土地利用と比較して、オランダの一般市街地はもちろん、新興住宅地においても、住宅の隣棟間のすき間に存在する、管理のされていない空地を見つけることはできない。それほど細心の注意を払い土地の有効利用を行っているのは、国土の四分の一が海水面以下で、土地が絶対的に不足しているお国柄のためである。オランダは運河を築造し、干拓を繰り返して、生活する土地を開発してきた。風車を造り、排水をし続けることによって、生活地盤を手にすることができた国である。現在は電力を使って排水を行っているが、歴史的には風車によって水をくみ上げて、海水面下の土地を生活できる土地にしてきた。

限られた土地を豊かに使う「コモン」を創出し管理する知恵、これがオランダのもっている国土利用技術を理解する鍵である。

古代ローマ以来、道路や橋梁は軍隊の移動を容易にするため、港湾と並んで軍事工学（アームエンジニアリング）として造られてきた。運河・城郭都市として外敵から自らを守り、住空間をつくり育ててきたオランダでは、軍事防衛的にも経済的にも限られた都市空間を有効に使うことに、大きなエネルギーが割かれてきた。限られた土地を有効に使う方法として、まず考えられたことは、適正に管理されていない土地を、社会的土地利用から排除することである。その次に考えられたことは、土地の時間・空間的利用として、共有利用を図るとともに、時間を考えて棲み分けて利用する方法である。子どもの利用に供する空間を、子どものいないときには大人が利用し、人びとの生活空間として使わないときは、商業用、業務用、または工業用（店舗や貨物の取り扱い等）に利用させる方法である。

市民の土地利用は、国家の許認可を通して行うものではなく、市民の自治管理によるものである。オランダでは国王が、その誕生日に国民にフリーマーケット（蚤《のみ》の市）を開いてよい場所を広く指定・公開し、国民が自主的に管理している。マルクト広場はその代表的なものである。

運河の上にステージをつくり、音楽演奏をし、観客席をつくり、レストランを営業させ都市生活を楽しむ風景は、オランダ国王の誕生日を祝う蚤の市として、国中で見られる。オランダ人はケチだと言い、ダッチアカウント（割り勘）の語源を講釈する人もいる。オランダ人は合理主義であってもケチではない。限られた土地を驚くほど豊かに使っていることを知れば、日本人はオランダに謙虚に学ばないといけないと気付くはずである。人間を中心に、限られた土地を大切に活用する国オランダから、具体的な活用方法を学ぶことはたくさんある。

国王誕生日のフリーマーケット（蚤の市）

国王の誕生日は、国家が先頭に立って、街全体にフリーマーケットを開くことを指導し、全国民が楽しむことで国王の誕生日を祝う催しが開かれている。すべての市民が、なんらかの形でこのフリーマーケットに参加している。許可も登録もなく、費用も負担しないでフリーマーケットへの出

ライデン，教会前広場はフリーマーケットのできる場所で出店されている

フリーマーケットは多種多様で，市民全員が楽しんでいる

店が行われる。フリーマーケットで人びとは、品物を販売することより、知人や友人との懐かしい出会いを期待し、楽しみにしている。

フリーマーケットの出店者もそこに集まる参加者も、貧富や老若男女の別なく、集まってくる人たちの目線も、何か懐かしい思い出にできる品物がないか、掘り出し物がないかという気持ちと、思いがけない出会いを期待して集まっている。市が楽しく感じられる大きな理由は、レンガと木材を使った中世以来の街並みと、運河と緑豊かな並木道という舞台装置が整っているからである。中世に造られた大学街ライデンでは、歴史を経た建築が広場を取り囲み、その街並みを舞台にして、市民がお祭りの主役を演じている。

ライデンには、大学の校舎が街中に散在し、それに合わせ多数の大学生も街のあちこちで生活している。ライデンは、ミックスト・ハウジング(多様なライフステージの人が混じり合って住む)の都市空間の中で、多様な職業と人びとの日常生活が営まれている都市である。ルネサンス様式の組積造建築で造られた市役所と、豊かな水を湛えた運河を背景にしたライデンの景観は、歴史文化の集積した都市の豊かさを感じさせる。

フリーマーケットに集まってくる人の多くは、年中行事の一部として毎年のように参加し、またライデンの中心市街地と目と鼻のところに社会住宅団地がつくられ、ここにも、普通の町とまったく変わることなくフリーマーケットが立ち並び、同じように人だかりがしていた。

ライデンの社会住宅団地

ライデンの中心街に、一〇〇戸を超えると思われる大きな社会住宅団地がある。この社会住宅団地の脇の道路にも、フリーマーケットを出店してよい場所が市当局から指定され、大いに賑わっていた。社会住宅団地は一般市街地と連続的に形成され、そこには特別な団地境界はない。住宅のデザインにはいくつもの種類があり、性能と機能本位ではなく、ライデンの歴史文化を感じさせるデザインであった。すべての住宅は二階建の連続住宅で、レンガ造、眺望を重視したはめ殺しのベイウインドーを持った個性的なデザインである。

その社会住宅団地で行われていたリモデリング工事は、最近のエネルギー保存政策に共通する内容で、開口部回りの額縁部分を含む全面的な断熱改修工事であった。その工事を計画的に迅速に実施するため、居住者を工事期間中、一時、地区外に仮居住させ、空き家状態にしてリモデリング工事を実施していた。

外観を見る限り、レンガ造建築であるため経年劣化はまったく見られず、むしろ経年して住宅地全体に落ち着きと味わいが深まり、住宅地として熟成した感じである。住宅に劣化した様子は見られず、特段リモデリングする必要はないようにも見えたが、エネルギー保存政策は全ヨーロッパ共通の課題でもあり、資産価値を高めることがリモデリングの大きな理由になっていた。

レンガ造りの社会住宅，屋根裏居室付き住宅，窓は各部屋すべて共通

エネルギー保存のためのリモデリングは，開口部と壁断熱工事が中心である

レンガ積みの社会住宅，両端の住宅にはデザインの工夫が施されている

社会住宅地の街並み景観

この連続住宅は建設当時、社会住宅のイメージを高めることを考えて、既存のライデンの街並みとは違い、住棟全体を左右対称につくり、住棟の両端の住宅をコーナーロット（角地）にある住宅棟として、道路から見える三面ファサードを意識して少し派手なデザインにしていた。街並み景観を意識し、垢抜《あか》けた連続住宅が標準設計として準備され、それを使っていたに違いない。

住宅地には五メートル程度の狭い幅員の車道を挟んで、両側に幅員一・五メートル程度の自転車道があり、自転車道の両側には、幅員一・五メートル程度の歩道がある。歩道と自転車道、または車道と自転車道の間には、並木と一緒に灌木《かんぼく》を植え、それらを含めると道路全体の幅員は、一二メートル程度の帯状の緑道になっていた。この道路には、パリの大改造計画におけるシャンゼリゼ大通りのように、街路樹を含め都市を公園に変えるジョルジュ・オースマンの近代都市計画の考え方が一貫して通っていた。

ライデンの運河と並木道で造られた空間は、それ自体が公園である。いずれも中世に造られた運河というストックを生かして、都市の道路を市民が憩う公園にするもので、近代都市計画の考え方は、ライデンの都市にも大きな影響を与えている。

この社会住宅は、外壁がレンガの二階建連続住宅で、歩道から一メートル程度セットバックして建てられ、その部分が連続住宅の前庭の緩衝緑地になっている。前庭に面して幅員三メートル近い側道があり、自動車道との間には街路樹とその間を埋めるかたちで背丈の高い草花が咲き乱れていた。連続住宅のファサードは、住宅ごとに中央部分にパーラー(応接間・居間)の大きなはめ殺し窓があり、両側に居室の窓が対称形につくられ、その隣に玄関ドアがつくられていた。隣り合う住宅の玄関の間には、藤や蔓草がおい繁り、相互に干渉しないように計画されている。

玄関ドアは隣り合っているため、外壁部分は二住宅分が連続した一つの外壁を形成していた。レンガの外壁面は三〇メートル近い長さとなる上、二戸の住宅である壁の境界は意識的にわからないように造られている。外部から住宅の境界がわからないように設計することで、大邸宅と感じさせる効果があり、防犯効果もある。隣棟間に無意味な空間を残すことは、街並み景観上好ましくないだけではなく、都市の防犯上からも好ましくないことは、欧州のどこの街でも聞かされる説明である。

人が歩きたくなる街並み

赤レンガ住宅と緑豊かな植栽が続く街並みは、低層高密度な住宅地ではあっても、人口密度自体は中高層住宅並みにまで高められ、土地に対する高い帰属性をもつことができる。中層住宅地と違い、自動車の速度もゆっくりで、交通量も少なく、歩道、自転車道と狭い車道で構成され、通り全体がヒューマン・スケールでまとめられ、地区住民の管理下に置かれている。道路の通行は、両側の住宅からも見守られているため、散策すること自体に魅力を感じるように造られていた。

コンパクトに造られたライデンの街並みは、市街地の広がりがさほど大きくないため、中心となる交通手段は自転車である。通勤、通学には、一般的に自転車が使われている。オランダでは、自動車や歩行者より自転車の通行を最優先に考え、専用自転車道路が整備されている。そのうえ、交通上の優先権が自転車に与えられており、優先走行を認めている。オランダの自転車道では、大きな体の女性が子どもを前座席に乗せ、すごい速さで駆け抜けていく風景がよく見られる。歩行者にとって世界一危険な国だともいわれている。

住宅地計画の大切な点は、皆が街並みを評価し、持ち家でも借家でも、人通りが多くなることが、街づくりの基本である。人通りの多い街並みは、魅力ある通りとして、取引の対象になる可能性が高いとされている。持ち家の場合は、所有者がその取引を通じて資産形成を考え、当然、街並み景観計画には大きな関心が払われる。社会住宅では常時、売り手市場で、持ち家ほど市場取引は意識されず、ＮＰＯ法人によって経営されるが、住宅地の内外からの眺望は、景観計画の最重要のテー

基本的に同一種類の窓で造られた社会住宅の外壁

同じ大きさの開口部（窓，出入口）が繰り返しのリズムをつくる

住宅地内の駐車は原則，路上駐車で自由に駐車できる

住宅の外壁面まで側道にした例，家の中を覗かれても気にしない

マになっている。

　街路を歩くことが楽しくなる街は、街路を挟む両側の住宅から街並み景観を楽しめるようにつくることだと言われている。多くのウオッチャーがあることは、セキュリティの高い街をつくることになる。皆が歩きたくなる街並みを実現するために、社会住宅もデザイン上の制約を受けている。魅力がなく、人通りの少ない街は、危険な街といえる。

街並み景観のデザイン

　オランダの都市計画では、安全で人びとが往来することを楽しいと感じるような街並み景観をつくることに重点を置いている。今回、社会住宅でつくられた街並みを検討分析し、あらためてセキュリティの高い街並みづくりへの努力がされていることを認識できた。

　最初にこの社会住宅団地を歩いてから二〇年が経過し、景観として地域に根を下ろし、住民にとって帰属意識を感じることのできる住宅であることを再認識した。この社会住宅が建設された時代は一九八〇年代、イギリスのサッチャー首相がオランダなど北ヨーロッパの社会住宅をモデルにした時代である。社会住宅自体が、街並み景観や生活者の満足度からみても、モデルとなるに足る良さをもっていた。

　この時代の社会住宅は、現在も維持されているとおり、社会的に高い評価を受けていた。イギリスの場合、ニュータウン建設は街づくりそのものを国家事業として取り組んだわけで、街並み空間が文化的であることは政治を左右する検討課題になる。ヨーロッパでは昔から、「住環境の貧しさは魂に対する暴力である」と言われている。街並み景観を美しくつくることの重要性は、人びとが豊かさを感じる都市文化の問題なのであるが、人びとがそこに住みたいと感じることが、住宅需要を生み出す条件とされ、住宅の資産価値を高める基本的条件と考えられている。

4―オランダの都市文化

中世都市から近代都市へ

オランダの町を旅行して一番驚かされることは、日本よりはるかに人口が高密度であるにもかかわらず、町を出た途端、見渡す限りの緑の牧場に、牛や羊たちが放牧されている長閑《のどか》な景色が広がることである。都市が豊かな自然に囲われているのは、なぜだろうか。ヨーロッパ大陸にある都市は、つねに戦禍に脅かされ、自らの都市を守るために濠《ほり》(運河)を都市周囲に巡らし、または、城郭を築いて外敵から守り、城内に住む人に市民権を与え、高密度に住んでいた。濠や城郭を造るには巨額な費用がかかるため、どうしても造り替えなければならなくなるまでは、既存の濠や城壁の中に、できるだけ人を詰め込んだ。そのため、住宅の上に住宅を載せて高密度居住とし、共同便所、共同台所、共同水道等の施設が発達・利用された。フランスやイタリア、スペインなどの大陸の都市では、城郭内にできるだけ多くの人口を住まわせるための共同住宅(マルチ・ファミリー・ハウス)が建設され、高密度居住の土地利用が行われてきた。

近代都市のベースとなっているものは、中世の都市である。中世の都市では、濠や城郭の拡張が人口増加に追い付かず、その後、都市間の商業流通を営む人たちは、日常的には城外で生活し、緊急の危険が迫ったときに城内に入ることのできる鍵が与えられた。

イギリスは、大陸とは違い島国であったため、城郭建設の必要はなかったが、古代ローマ人は大陸のような城郭を築いた。イギリスには土地が十分あったため、土地の上下に他人の権利が重ならない住宅(シングル・ファミリー・ハウス)を建てた。イギリスでは、上下に他人の権利が存在せず、自家菜園や物干しと日光浴ができ、専用のバックヤード(裏庭)を持っていることが適正(ディーセント)な住宅といわれ、大陸の共同住宅とは違った住居観を生み育てた。イギリスでは、六階建までの「テラス」と呼ばれる連続住宅が建設された。テラスとは、独立住宅が隣地境界線に接して建設される連続住宅である。都心に建てられたテラスの多くは現在、各階ごとに区画された「フラット」と呼ばれる共同住宅や、B&B(Bed and Breakfast)と呼ばれるホテルに用途変更して使われている。

中世都市史の中で示されたことは、大陸では人びとが高密度に住み、お互いが豊かな生活を営む街づくりの方法を開発してきた。オランダは運河や城壁で街を囲い、外敵の侵入から自らの生活を守る大陸型の都市づくりで、大都市では共同住宅が建設されたが、小都市ではイギリスの都市住宅同様なテラスにより、高密度開発を実現した。オランダとベルギーは、地盤が軟弱な低湿地であることも関係し、中低層過密住宅をつくる方法として、連続住宅による高密度開発が行われた。

オランダの都市は、城郭に代わる運河を使って都市を守り、市街地の人口密度は驚くほど高い。しかし、市街地では共有地(コモン)を上手に使い、市民が共通のルールで管理し、共有空間は多目的に何重にも利用された。城郭の外にも都市は拡大したが、近代以降も都市の構造は基本的に変わらず、農業生産者たちが農業や畜産を行い、都市住民の食料を供給するための農地が広がっている。一方、市民は農地から食糧を確保するとともに、自らも市民農園を経営し、都市空間と農業空間の両方を利用することで、メリハリの利いた都市生活をおくってきた。中世に作られた都市と農村の関係が、近世以降の都市形成の骨格を与えてきた。都市にはそれぞれの歴史文化があり、中世の地方分権的な歴史を背負って近代都市が形成されたため、西欧人はそれぞれ固有の地域地区に高い共同体の帰属意識をもっている。

居住できる土地が限られているため、市民は共有地（コモン）を利用せざるを得ず、その利用をめぐってルールを設け、自主的に統治（自治）してきた。つまり、共有地（コモン）を大切にすることから、近代のコミュニティの意識が生まれ、コミュニティ・ルールが作られ、それが市民社会の団結の原点を作ってきた。ニュー・アーバニズムの原点であるセキュリティとコミュニティを育てる街づくりこそが、実はオランダで見てきた中世の街づくりの中に根づいていた基本的な人文科学の計画技術であった。

中世から続くオランダの伝統

高密度に居住しながらも、人びとに豊かな環境を提供するためには、都市と農村の生活空間が有機的に繋がる必要がある。ヨーロッパでは、都市計画法の中で都市と農村とを一体的な空間として扱い、日本のように市街化区域と市街化調整区域を線引きで対立させない。都市居住者にとって農村は、人間性を回復するために必要な自然を提供する空間である。都市の中では過密な高人口密度で生活をしながら、中世以来の都市には豊かな緑の共有地があり、町の中心にはギルドハウスに囲われた石畳のマルクト（マーケット）広場が確保されている。チーズの街として有名なゴータ市の場合も、その典型的な例で、市役所が広場の中心に建てられ、経済活動と政治の中心となっている。

オランダでは、低湿地の水を排出するために運河が築造され、生命財産と運河とは不可分に関係し、運河の管理は自治によって行われてきた。運河管理の仕事は、近代国家の仕事になったあとも、経済活動を支える交通・運輸の手段として、市民たちはそれらをすべて国家の管理に委ねるのではなく、利害関係者による経営管理ルールとし、国家管理と共存した自治的な管理が行われてきた。官・民の役割分担がなされ、市民の権利と義務とを背景に、管理された人間環境をつくっている。

一九九一年、アメリカの現代の街づくりの基本思想になっているニュー・アーバニズム理論の原型が、ヨセミテ公園のアワニーホテルで合意された「アワニーの原則」である。この原則は、すべての開発は、地域、地区の段階に対応した官民協力の役割分担によって行うべきことをまとめたものだが、その原型がオランダの伝統を担った都市の自治によるコミュニティ経営の中に見られる。

マルクト広場の空間計画

市の中央にあるのがマルクト広場で、その広場を囲んで、ギルドごとの個性を主張した多種多様なデザインの建築物が立ち並ぶ。建築物の連続したファサードに囲まれた広場が、コモン（都市の共有空間）であり、その中心がゴーダ市役所と広場を囲むギルドハウスである。マルクト広場の周りにギルドハウスが建てられたのではなく、最初に政治経済の中心となるべきマルクト広場の空間計画があり、その計画に沿って市役所とギルドハウスがデザインされ、マルクト広場ができている。

そのほかにもさまざまな規模のコモンが、街全体に散在しているが、いずれの広場も最初から歴

ゴーダの市役所は、「長崎のハウステンボス」の中心、オランダのシンボル建築とされた

マルクト広場を囲んで個性的な併用住宅がすき間なく並んでいる

史文化を取り入れた都市計画が立案され、その計画どおりに建築空間がつくられ、コモンの性格も活用の実態もそれぞれ決められてきた。オランダの都市計画は、他の欧米と同様、土地と一体の形で建築計画が定められ、建築物は土地の一部に吸収されることになる。

土地の絶対量の少ないオランダで、日本では見られないほど大きなマルクト広場が造られている。広場ではゴーダが栄えた中世から現代にいたるまで、チーズや食肉加工品、野菜や果実、日用雑貨、衣料や装身具、家具や食器など、生活必需品やさまざまな商品の市場が立ち、人びとの経済活動、都市生活の中心であり、商業や文化の中心をなす空間(コモン)である。マルクト広場を取り囲んで、その地に持ち込まれる商品を運搬する運河が造られ、その運河を利用した商工業が繁栄している。

運河の両側には、ギルド組合の建物が軒を連ね、バックアレー(裏通り)を背中合わせに、街並みで囲われた中央広場にゴーダ市役所が、ゴーダ文化を象徴するように立っている。ゴーダ市役所の前方横壁の上部に取り付けられた「からくり人形」時計は、特別豪華なものではないが、昔から時を告げる施設として、人びとの生活リズムをつくってきた。今でもその歴史を伝える文化施設として、ゴーダの市民に愛され、時計台から音楽とともに飛び出す人形を見に、市民も多くの観光客も集まってくる。

チーズの街とゴーダ博物館の前庭

チーズの街として歴史のあるゴーダの中心広場には、昔からのチーズの計量所があり、観光客向けに販売していた。そこには大きな円形の蝋で周囲をくるんだチーズが山積みになっているだけで

運河の上に人工地盤を造り、アウトドアカフェ（奥）と駐輪場（手前）を囲む住宅群

マルクト広場の中のチーズ販売店

隣り合う建築の中庭を結んだ緑豊かな散策公園

ゴーダ博物館の外壁を景観にとりこんだアウトドアカフェ

なく、香辛料やハーブ、干しブドウの入ったチーズなど色とりどりで、味も形も違った驚くほどたくさんの種類のチーズがあった。

店にはたくさんの買い物客が入れ替わり立ち替わりやって来て、門前市をなしていた。さまざまな種類のチーズを試食し、楽しみ、そして驚くほどたくさんの種類のチーズをお土産として購入していく。中世に造られた街が、今なお魅力ある街として、そのまま現代の生活を豊かにする空間として利用されている。

中央広場を囲む形に運河があるが、建物に視線をブロックされて、マルクト広場からは見えない。運河に面した道路に軒を接して建てられている店舗と、マルクト広場に面した店舗とが背中合せに、どこまでもエンドレスに並び、運河に面した道も楽しいショッピング通りになっている。その通りに面してゴーダ博物館がある。博物館の前庭には起伏があり、大きな広場ではないが、博物館の建物を背景にした変化に富んだ空間になっていた。多数のオブジェのほか、高い木も植えられ、起伏を生かしたアウトドア・カフェになっていた。

前庭広場は、土地の起伏そのものが面白さとなっており、隣りの敷地の中庭とも連続した公園道路がついていて、門を潜れば一体的に散策できるようになっていた。

聖ヤン教会のステンドグラス

聖ヤン教会は、洗礼者ヨハネ(ヤン)に献納された教会で、ヨハネの生涯が聖歌隊席の周りにステンドグラスで描かれている。このステンドグラスは、一五七三年以前に造られた、いわゆる「カトリック・ステンドグラス」と呼ばれるもので、一五五二年の火災後にこの教会に寄贈されたものである。ステンドグラスのスポンサーは、スペインのフェリペ二世、その妻メアリーチュード、オランダの女性提督、司教その他の高位聖職者、ゴールデンフリースの騎士たちなど著名人が多く、彼らから贈呈された七〇〇枚近いステンドグラスが、この教会の誇る宝になっていた。ステンドグラスには作成者（寄贈者）名が付けられ、これらのステンドグラスが寄贈された歴史の経緯を今でも検証することができる。

聖ヤン教会の内部は全面的に改装中であったが、この改修工事は二〇年以上の歳月をかけて行われているもので、カトリック教だけではなく、行政も民間も共有の財産と考えて取り組んでいる。この教会は特定の宗教施設という以上に、長い歴史文化を経てゴーダの人びとが守り育ててきた文化遺産である。現在実施されている改装工事の大きな事業が、市民の財産として実施されているところに、ゴーダの街づくりの本質がある。

よく西欧のキリスト教社会では、人びとの宗教離れが進んでいるといわれている。確かに統計的にみると、信者数は減少している。しかし、キリスト教文化は現代の生活の文化的基盤をなし、宗教行事に限定して考えることはできない。キリスト教は人間の生き方そのものを左右するだけではなく、人間の社会、経済、政治と深く関係し、信仰以前に人びとの生活と切り離せない。長年月をかけ巨額な費用を必要とする聖ヤン教会の改修・改装事業の中に、物心両面で支えてきたゴーダ市民の文化に対する思いを見せられた。ゴーダの市民にとって、宗教は個人の信仰を超えて、人びとの生活を支えてきた文化風土である。

聖ヤン教会の中の大きな「カトリック・ステンドグラス」の絵画

第2章

アメリカの住宅

西欧の住宅・都市ストックを発展させた住文化

1―「経済合理主義の国」アメリカ

アメリカン・ドリーム

思想信条、信教の自由、経済活動の自由、政治の自由など、西欧社会では重い歴史文化に縛られて実現できなかった人たちが、新大陸に渡ってきた。彼らは新大陸アメリカに移住してきて、出身国である西欧諸国以上に豊かなストックを持つ社会を、これまでヨーロッパが培った経験、知識、技術を駆使して実現した。

アメリカは、ネイティブ・アメリカンの歴史を別にすれば、文明の歴史としては五〇〇年以下である。しかし、ヨーロッパからの移民たちは、西欧の歴史文化を継承してきたことで、それらのシステムを活用して、ストックのない新大陸に西欧社会に匹敵する文明と文化を花開かせることになった。ヨーロッパとまったく遜色のない優れた住宅地を造り、そこに豊かな生活を営む自宅（アワーハウス）を持つことは、全国民共通のアメリカン・ドリームの実現でもある。

欧米でいうところの「住宅」とは、都市計画的に住環境を社会的に確定されたところに存在する土地と一体の住宅不動産のことである。「土地と切り離された住宅単体」を指しているわけではない。ここでいう都市計画上とは、必ずしも都市計画法に裏付けられた法定都市計画ではなくても、強制権の行使を民事契約で定めた社会的な制約として定められた土地利用環境のことをいう。なかでも、CC&Sのような英米法・コモンロー（控訴審判決が法律）は、現代でも英米両国に共通して適用されているため、英米の文化はシステムとして英米間を往来している。

現代のアメリカでは、米国政府とホームビルダーの八〇パーセント以上を組織化している全米ホームビルダー協会（ＮＡＨＢ）とが住宅産業界をリードしている。両者はホームビルダーと建設現場で働く職人の生産性の向上を支援し、自由主義の社会経済的メカニズムを利用し、国民の住宅による資産形成、すなわち国民が住宅を取得することで国民と国家の繁栄を実現しようとしている。その住環境形成に関しては、一九八〇年代から大きく変化・発展し、現在はニュー・アーバニズムのコンセプトの実現が、アメリカン・ドリーム実現の中心的課題になっている。

サブプライムローンと住宅バブル

アメリカで大多数の国民が信じていることは、優れた住宅地にあるクラシック様式の住宅不動産を取得することで、住宅資産をインフレから守り、経年するにともなって住宅資産を増殖でき、将来の生活保障が得られるというものである。アメリカでは、国民が住宅により資産形成をすることで、国富が増大し、金融機関の住宅不動産担保の信用が拡大し、純資産担保金融（エクイティローン）による経済活動が活性化されて、地方財政基盤がしっかりし、政治が安定してきた。

二〇〇〇年頃には、住宅の資産価値は下落することはないといった神話にまで拡大した。二〇〇三年、低所得者の資産形成を支援するため、住宅融資保険を利用した頭金なし（九七パーセント融資）で住宅ローンが組める制度が作られ、住宅需要が一挙に一〇パーセント以上拡大、アメリカで住宅バブルが始まり、住宅の資産価値は天井を破って上昇した。信用力の低い人たちに対する金融（サブプライムローン）は金利が高く、住宅価格の三倍もの急騰にともなうローン負担は過大となり、二〇〇七年、住宅価格は三分の一に下落、金融破産が相次ぎ、住宅バブルは崩壊した。二〇〇八年、世界恐慌に相当する規模のリーマンショックが起き、経済危機は世界に拡大した。

住宅バブル崩壊にともない住宅市場は縮小し、金融機関の破綻や個人破綻も発生したが、政府の金融支援政策、着実な住宅資産価値の回復、リモデリングによる資産価値の増進、既存住宅の適正な住み替え等、不動産流通の機能が適正に働くことにより、フォークロージャー（破産）物件の処理を二〇一四年までの約七年間でほぼ完了した。住宅価格は、住宅バブルが崩壊する以前の状態にほぼ回復した。住宅は資産価値を高める軌道に回帰し、国家経済の大きな活動の土台として、再びアメリカ経済の担い手として機能している。

住宅不動産の三つの鑑定評価法

アメリカは自由主義経済を標榜する資本主義国である。住宅不動産は、すべての国民が関係する基本的人権の一部を構成し、主として価値評価は固定資産税の評価を通じて、政府の国家運営の基盤（財政）となっている。住宅不動産の鑑定評価は課税、金融担保、相続、不動産取引のために毎年、または、その権利が移動する都度行われる。そして、その価値評価に見合って固定資産税が課税され、不動産取引としての決済が行われる。固定資産税の支払いは、その財産価値を国家により社会的に守ってもらうために、住宅資産を持っている人が国家に支払う義務である。そのため、固定資産税の根拠となる住宅不動産の鑑定方法に対する国民の関心は高く、その評価は住宅不動産取引、固定資産税、相続税のためだけではなく、モーゲージ金融の担保評価、純資産(エクイティ)金融の担保評価、不動産取引価格の基本条件を決めるものとなる。

原価評価法(コストアプローチ)

住宅不動産の価値を生産する住宅建設業者の立場から評価する方法である。この原価評価法は、新築・既存住宅に共通して使われる不動産鑑定評価法である。この評価方法では、住宅が市場で需要対象としての効用が認められるならば、建築の経過年数にかかわらず、その住宅を現時点で建築した場合に要する建築工事費(推定再建築費)として評価される。

アメリカでは、全ての請負契約書には、土地費用と材料、労務の数量と単価をもとにした見積書があって、請負契約に当たっては、設計図書より材工分離による見積書が優先される。既存住宅の取引の際にも、新築時の見積書は大切にされ、取引時の単価を入れると、見積額はたちどころに計算される。見積書がない場合でも、設計図書があれば、使用材料と工法とを確認して、工事額を見積ることは容易にできる。

アメリカにも見積の略算法として、工事面積(平方フィート)ごとの単価(ドル/平方フィート)もあるが、契約に向かうための大雑把な価格交渉をする略算法の単価で、工事契約や住宅金融(モーゲージ)、建設金融(コンストラクションローン)の融資申請書類には使用されない。

アメリカでは、使用材料や住宅設備は経年劣化するので、修繕や改善を行い、住宅の効用を維持するために必要な手を加えている。住宅は、修繕が適正に行われ、維持管理のための改善がされている限り、建築構造材や住宅設備の老朽のいかんにかかわらず、住宅不動産の効用は物理的に劣化することはない。その認識は、一〇〇年以上経過した木造住宅が、高い住宅効用を提供する住宅として、新築の住宅と競い合い、自由市場で取引されている経験に裏付けられたものである。

アメリカの住宅価格が、物価上昇分以上の比率で上昇し続けている理由は、住宅不動産を構成する土地、建材および建設労務費が、いずれも物価とともにスライドして上昇するためであり、この不動産鑑定評価法では、既存住宅の価格は、交通の便の改善、利便施設や教育文化施設、消防・警察等、安全施設の充実による住宅地の環境（ロケーション）とコミュニティが熟成すること、すなわち地価が物価上昇率以上に上昇することを説明している。

そのため、アメリカの住宅地の経営管理は、住宅所有者の資産価値を維持向上させるうえで不可欠なことと考えられている。住宅不動産の効用（住宅および住宅地のデザイン、機能、性能）は、住宅の建築年数や経過年数に関係しない。たとえ量的に経年劣化しても、劣化量が期待された質的効用を維持している限り、住宅の効用は変化しない。住宅および住宅地の効用に影響する程度まで劣化したら、設計・仕様を維持するために必要な修繕・改善を繰り返すことで恒久的に効用を維持できる。住宅地経営の管理上、最も重要なことは、その住宅地がいつも売り手市場を維持し、つねにより所得の高い人が入居を希望する環境を継続することである。

ヨーロッパはもとより、アメリカでも、木構造が二〇年で減価償却するとか、コンクリート構造が六〇年で等しく物理的寿命を終わり崩壊するといったことは、理論的にも経験上もあり得ない非科学的なことで認められることはない。不動産の鑑定評価理論に、日本のような減価償却理論を受け入れている国は、世界中をみても日本以外に存在しない。木造でも、鉄筋コンクリート造でも、適正な管理が行われれば、恒久的に維持される事実にたって評価されている。

相対販売価格評価法（セールス・コンパリソン・アプローチ）

金額では評価できないデザイン、機能、性能の三つの効用を有する住宅を手に入れようとするが、効用は住宅と不可分一体の関係にあって、効用部分だけを取引の対象にすることはできない。例えば、安全に関しても、構造耐力、防耐火、防犯、断熱・気密、空気汚染、遮音などに分類され、細分化された効用（性能）は、それぞれ評価に固有の物差しがあり、同じ物差しでは測れない。同様のことは、住宅の利便性やライフスタイル、意匠や装飾、色彩などの歴史文化性を扱うデザインに関しても指摘できる。住宅の効用は住宅の性格であって、性格を計測する物差しで測ることができるが、価格という物差しで評価することはできない。

デザインや機能、性能それぞれが、住宅需要者にとってどのような重要性をもっているかを表した重み（ウエート）比率は、個人によっても、社会環境によっても大きく違う。その社会的な平均的比率を定めることで、需要者の効用に対する要求の総合評価をすることができる。

アメリカでは、その評価を三年ごとに見直し修正することで、社会的取引に通用する「交換価値」の尺度（交換比率）を作成し、それを取引価格と相関させることで、住宅の社会的取引平均価格（自然価格）を評価した。不動産鑑定評価で用いられる社会的評価は、住宅需給市場の平均値（自然価格と呼ばれる社会的な平均価格）である。個別の需要者の評価は、それぞれ市場の需給関係を反映して異なる評価（市場価格）となるが、その平均値が自然価格である。

住宅地が犯罪に対し強いことは、実際の顧客の需要に関係していることから、セキュリティの評価もこの要素に採り入れられている。かつては、入門規制を行うゲーティッド・コミュニティや、ＩＴ技術を導入して防犯対策を行うスマートハウスが評価に加えられていたが、現在はＴＮＤの計画手法として、ニュー・アーバニズムの計画条件が評価に採用されている。このように評価指標は三年ごとに見直され、常にアップ・ツー・デートされている。

収益資本還元評価法（インカム・キャピタライゼーション・アプローチ）

この評価法は、投資家（資本家）の行動形態を決定する経済的投資判断を用いた「資金運用による利益」を資本還元した評価方法である。住宅不動産を所有しているだけであれば利益を生まず、固定資産税と、物理的な（維持管理経費を要する）マイナスの資産である。高い不動産価値評価を受ける住宅であるほど、税額と管理費用は高くなる。しかし、その不動産を賃貸物件として市場に出せば、賃貸料収入を生み出す資本となる。

住宅不動産の価値は、賃貸料収入という住宅不動産が生み出す利益を資本還元したものである。住宅の価値を評価するときの資本還元利回りは、公定歩合や社会の投資対象資本（土地、株式、証券、国債等の債券、金、石油、商品等の長期投資利回り）などとの相対的関係の中で決定される。住宅不動産の効用と需要者のニーズにより市場の需給は異なり、賃貸料は固定的ではない。その賃貸料の違いがその資本還元価格、すなわち不動産価格の違いになる。賃貸料は市場の需給関係を反映して決められるが、需給関係に影響する都市インフラ、商業、娯楽・文化・スポーツ、学校教育、交通利便性、治安、公害、健康・衛生・医療、安全などだけではなく、居住者の社会的属性や地域地区の土地利用計画、コミュニテイ活動、住民の自治もその要素となる。

また、住宅を保有しているだけであればマイナスの資産であっても、その住宅を所有している間に資産価値が上昇すれば、住宅を処分したときに増額した純資産分（キャピタルゲイン）を資本増殖利益として回収することができるし、住宅を処分しなくても、資本増殖利益を活用することができる。アメリカでのリモデリングは、キャピタルゲインのためと考えられている。

アメリカでは、金融機関が住宅不動産を常時再評価して、その市場価格と住宅のローン残債との差額分を純資産（エクイティ）と呼び、それを担保に金融（エクイティローン）を行っている。住宅の純資産は、物価のインフレ率と住宅地の熟成の程度、住宅ローンの返済後の債務残高の縮小を反映して、確実に拡大する。

アメリカでは、一般的にエクイティローンを使って、住宅のリモデリング、家具や車の購入、旅行費用などの消費が行われている。そのときの金融機関の行う純資産額の評価は、以上三種類の住宅不動産の鑑定評価を根拠に、不動産鑑定士が総合評価することになる。

アメリカの住宅ローン「モーゲージ」

アメリカの住宅ローンを「モーゲージ」という。モーゲージとは、「モルト（死ぬ）」と「ゲージ（担保）」の合成語で、借受人がローン返済を滞り、返済できないと金融機関が判断すると、その担保となっている住宅不動産を差し押さえる。そこでローン債権の債務は相殺され、それ以上の追及を受けることはない。そのため、住宅ローン債権の「担保としての性格は死滅する」（モルト・ゲージ）という用語から生まれた合成語である。金融機関は差し押さえた担保（モーゲージ）を住宅市場で売却して、貸金（ローン残高）を回収することになる。

通常の場合、住宅所有者は金融機関に差し押さえられる前に処分し、ローン残債以上の売却益を得るが、二〇〇八年のバブル崩壊時には住宅価格自体が急落したため、住宅所有者はモーゲージの執行（フォークロージャー）を求めることになった。金融機関にとっては、モーゲージを執行した場合、競売にしろ、一般既存住宅市場での売却にしろ、販売事務経費は大きくなるので、そのための経費として、通常、住宅建設業者が計上している粗利比率（二〇パーセント）を手に入れることを期待している。そこで、金融機関が行う住宅ローンは、住宅を売却処分して回収できる費用から、その売却処分費用（粗利）を差し引いた額（直接工事費）にしか融資を行わない。それが融資率八〇パーセントの理由であり、モーゲージやコンストラクションローンの融資額の上限となっている。

住宅ローンの借受人は、ローン返済ができなくても、金融機関がモーゲージを差し押さえ、実行すれば、それ以上の債務追及は行われないため、「ノン・リコースローン（非追及金融）」と呼ばれる。純資産担保金融（エクイティローン）は、純資産を担保にしてはいるが、純資産価値が融資額を割り込んだ場合には、その不足分に対し借受人の債務支払い義務がつくという意味で、信用金融（クレジットローン）であり、個人が債務を支払い終えるか破産するまで、金融債権者の債務の追求がなされるので「リコースローン（追及型金融）」と呼ばれている。

アメリカの工事費見積書

アメリカでは、住宅建設業者が住宅を建設するときに、金融機関がモーゲージを約束した住宅に対しては、そのモーゲージを最終的な担保として建設金融を行うが、工事段階の個別な建設金融の担保は、下請工事部分に対する先取特権（メカニックス・リエン）である。建設金融の融資額は、住宅購入者が金融機関に提出したモーゲージの直接工事費と同額しか融資を行わない。直接工事費とは、実際に建設業者が材料と建設工事の労務費として職人に支払われる額をいい、材工一式で見積もられた請負額や平方フィート当たりの単価による概算額を根拠に行われるものではない。

その理由は、モーゲージを実行したときに確実に回収できるお金として、実際の土地購入費用、材料費と労務費として支払われる額しか回収できないと金融機関が考えているためである。アメリカの住宅請負工事契約書の前提になっている見積書は、職人の技能レベルごとの人員と、技能に対応した単価が具体的に記載されている。住宅購入者が金融機関に行うモーゲージ申請に添付する工事請負契約書の請負額を説明する工事費見積書は、建設業者が添付する材工分離による工事見積書と同一内容であることが条件となる。

アメリカでは、下請業者の工事は通常、組（クルー）で行うことが一般的である。組の構成は、組頭（フォアマン）、熟練工（ジャーニーマン）、見習い工（アプレンティス）、作業員（ワーカー）で形成される。工事は、材料と同様に、職人の技能力が工事の質を決めることになるため、工事費見積では組の構成についても、その人数と技能力により異なる労務単価を具体的に記述することになる。週単位で支払われる賃金水準は、州の経済力にも左右されるが、同じ州においても、フォアマン（時給六〇ドル）とワーカー（時給一〇ドル）との賃金差は、六倍程度になることもある。そのため技能力をもった職人の管理は、建設現場で最も重要な業務になる。

融資額と所得の関係

資本主義社会のダイナモ（発電機）は、金融機関である。金融機関が等価交換金融を実施することで、アメリカの住宅産業は自由主義経済として健全な機能を果たしている。アメリカでは、世帯年収の三倍または家計支出の三〇パーセントを超えて借りることを、政府も金融機関も認めていない。特に住宅バブルを経験した後は、ＦＨＡ（連邦住宅庁）が国民に対して、年収の三倍、または所得の三〇パーセントを超えるようなローンを組んではならないと指導している（ＦＨＡ発行「住宅を取得する人のための一〇〇のＱ＆Ａ」）。

しかし、実際の取引価格が住宅購入者の年収の三倍を超えるケースはいくらでもある。年収額の三倍をいくら超過していても、住宅ローン返済額が家計支出の三〇パーセント以下であれば返済可能であり、借受人がローンにより生活を圧迫されることはないと金融機関は考えている。住宅全体がモーゲージの対象であるから、融資額以上の住宅をモーゲージとして押さえることは、それだけ過大な担保を取ったことになる。ローン額を超えた純資産（エクイティ）を担保にしたローンとなる。リモデリング費用の場合には、住宅不動産評価額の範囲であれば、モーゲージのローン総額を増やすこともできる。

エクイティローンの場合、ローン総額が増えれば、返済額が所得では対応できない危険性が生まれる。そのため、投資目的で売却を前提にする場合にしか、まともな金融機関は所得を逸脱したローンを勧めない。このことは賃貸住宅を借りる人に対するローンの場合も、金融機関は月収の三〇パーセントを超えるローンを認めない。それは金融機関自身が健全経営を望んでいるからである。

土地と一体不可分の住宅不動産

アメリカはヨーロッパ同様、住宅を土地と一体不可分の不動産として扱い、住宅だけを分離して独立した不動産として扱うことはない。いかなる住宅でも、土地に定着しない住宅は存在しない。アメリカにはモーバイルホームといって、自動車のシャーシ(車体)の上に住宅を建設してトレーラーで牽引し、モーバイルホーム団地で電気、ガス、水道、下水等のライフラインに接続した住宅がある。これらの住宅は、移動できる状態であるときは動産であり、土地に定着して初めて不動産の扱いを受ける。土地に定着して土地の一部に吸収されない住宅は、建材同様の動産であって、住宅不動産ではない。

住宅自体は自然環境から人びとの生活を守るシェルターであるが、その役割はキャンピングカーでもテントでも可能である。いずれの場合も動産としての宿泊機能であって、不動産ではない。住宅という概念は、土地に定着し(定住する)生活環境の一部になった居住施設であり、土地に定着して初めて不動産としての住宅になると考えられている。

イギリスでは、住宅政策を環境省の行政の中で行っているが、住宅を住宅(都市)環境として扱う考え方は、欧米では全て同じである。住宅政策は住生活環境としての住宅不動産を扱う行政であって、その構成部材を生産する住宅産業は、工業産業省の行政であって環境省の政策対象ではない。生活環境の基本にあるものは土地で、その土地にライフラインを取り入れて住宅地に開発し、そこに人間の文化的な生活空間として住宅加工(住宅を建設)する。建設することで居住できる環境が整備されることになる。

電気、ガス、水道のようなライフラインの敷設を含み、住宅の建設までの環境整備は、土地に対する加工であって、最終的に土地に吸収されるものである。そのため、住環境の整備としては、土地と住宅を区分することはできず、土地と切り離した住宅単独では、直接住環境の効用を発揮することはできない。

アメリカのツーバイフォー工法の歴史と技術水準

第二次世界大戦でのアメリカは、国内での戦闘こそ行われなかったが、アメリカ全体が戦争に巻き込まれ、戦争中は住宅産業自体が休眠状態に置かれていた。その反動として、戦後はハイウエーを利用して、郊外に大規模な住宅団地を建設する取り組みが行われた。この住宅建設には、戦時中、物資を輸送するための仮設道路建設に利用された、鉄板の代用品である耐水性構造用合板（終戦で需要を失い価格が下落)を、それまでの木造住宅生産工法(バルーンフレーム工法:枠材と板材で組み立てる軸組工法)に代わるものとして利用する工法が開発された。

この方法は、ウィリアム・レービットの提案に、アメリカ農務省森林研究所(ＤＡＦＬ)と全米ホームビルダー協会建築研究所(ＮＡＨＢ・ＢＲＣ)が協力して、それまでの木造軸組構造を、構造用合板を使った木造平面版構造(ダイアフラム構造)に転換し、かつ建設現場で下請業者が流れ作業によって住宅を組み立てるウッド・プラットフォーム・フレーム工法である。プラットフォームと呼ばれる合板で作られた安定した作業床の上で作業ができるようになった結果、それまで自動車の生産技術として使われていたOM（Operation Management）の生産管理技術が、住宅建設現場に取り入れられ、流れ作業により非常に高い生産性の住宅建設を可能にした。「私は住宅生産のGM（ジェネラルモータース）になる」と言って、この方法を推進したウィリアム・レービットの名前にちなんで、郊外における革新的な街づくりを「レービット・タウン」と呼び、新しく開発された住宅を「レービット・ハウス」と呼んでいる。

このレービット・ハウスは、構造用合板と製材（ディメンションランバー）で平面版（ダイアフラム）を作り、組み立てる新しい生産工法である。現在、アメリカで使われているツーバイフォー工法によるレービット・ハウスは、それまでのバルーンフレーム工法と呼ばれてきた軸組工法ではない。それは日本の枠組壁構造とはまったく似て非なる平面版構造であり、共通していることは構造用規格製材（ディメンションランバー）と合板を利用しているというだけである。

アメリカのツーバイフォー工法は、安定高次不静定の平面版構造になっているため、同じ材料を使っても、造ることのできる空間の大きさがまったく違っている。日本では想像もできない広い空間を、日本以上の地震地域（カリフォルニア）で、はるかに安全に、安い価格で造ることができる。

OBTの導入

アメリカでは、終戦から一九五〇年代にかけて、レービット・タウンとレービット・ハウスによって、大量の住宅需要に対し、高い生産性によって優れた品質の住宅を、合理的な価格で供給することに一定の成果を上げた。しかし、ＨＵＤ（住宅都市開発省）は、レービット・ハウスの生産性向上の成果をさらに飛躍的に向上させるため、一九六九年、アメリカンモーターズ社長ジョージ・ウィルソン・ロムニーをＨＵＤ長官に据え、それまでの住宅の現場生産システムを根本から覆し、工場生産の住宅政策に転換した。それが突破作戦（ＯＢＴ：Operation Break Through）であった。

レービット・ハウスの生産方式は、建設現場では工場で作った部材を組み立て、工程計画どおりに流れ作業で行うものであったが、それを自動車同様の工場生産方式に完全に転換するというものであった。その結果、開発された住宅がモーバイルホームであり、モジュラーホームであった。これらの工場生産住宅は、遠隔地や過疎地域、またはモーバイルホーム団地など条件の適合した場所では、高品質の住宅を低コストで、短期に生産する優れた成果を上げることができたが、アメリカ全体の住宅の現場生産システムを転換させるものではなかった。

全米の八〇パーセント程度のホームビルダーを組織している全米ホームビルダー協会（ＮＡＨＢ）は、ＨＵＤ（住宅都市開発省）の進めるＯＢＴは、既存の住宅産業界の産業基盤を奪う、ホームビルダーと建設労働者の死活問題であるとして反対した。しかし、優れた住宅がより安価に供給されることは、ＨＵＤと同様、ＮＡＨＢも望んでいることである。そこでＮＡＨＢは、その実現目標のため、ホームビルダーがサブコントラクター（下請専門業者）を使い、建設現場で工場生産より高い生産性を実現する技術革新を行うことに挑戦した。

ＮＡＨＢは、デュポン社が開発したポラリス潜水艦の操作技術ＣＰＭ・ＣＰＮ（クリティカル・パス・メソッド／ネットワーク）を現場の工程管理技術（スケジューリング）に導入することにした。

ＮＡＨＢは、ホームビルダーの建設業経営管理技術（ＣＭ：Construction Management)として、原価管理（ＣＣ：Cost Control)、品質管理（ＴＱＭ：Total Quality Management)技術とあわせて活用することで、高品質の住宅を低価格で実現し、ＨＵＤのＯＢＴ政策に勝つことができた。そして、地場で住宅生産に携わる職人の仕事の場を安定化し、リモデリング市場を支えるとともに、現在の高い住宅生産性を上げる体質をつくることに成功したのである。

ジェリー・ハウスホルダー，戸谷英世訳『CPMのすべて』

2―アメリカの新築・既存住宅市場

リモデリングかリフォームか

日本で住宅産業というと、一般的には新築住宅のことをいう。日本の中古住宅市場をアメリカの既存住宅流通市場と比較したら、その市場規模は二〇分の一程度にしかならない。日本では「中古住宅(Used house)市場」というのに対し、アメリカでは「既存住宅(Existing house)市場」という。既存住宅市場では、住宅の住み手が代わるから、住み手の生活要求に合わせて、「リモデリング(Remodeling)」(直訳すれば「生活空間のモデル変え：模様替え」)することが一般的である。洋服の仕立て直しも、アメリカでは「リモデリング」であって、「リフォーム(改革)」とは言わない。アメリカのリモデリングと日本のリフォームとは、言葉が違うように内容も違っている。

リモデリングは、既存住宅の流通と不可分に関係している。アメリカの住宅市場を概観すると、年間の全住宅市場約五〇〇万戸のうち、新築市場はその五分の一の約一〇〇万戸に対し、既存住宅市場は五分の四の約四〇〇万戸である。既存住宅市場の流通に際しては、何らかのリモデリングが行われており、リモデリングは既存ストックを利用しているので、新築住宅より投資金額は少なくても工事件数は大きく、一戸当たりの取引額はほぼ同じである。

アメリカでは、新築と既存住宅の価格は、効用が同じならば基本的に同じである。あえて言えば、既存住宅市場の住宅価格のほうが高くなる。既存住宅では、住む人が自分の住宅資産の価値を高めようと必死になって住宅地経営に関係し、居住者どうしの人間関係も成熟して生活しやすくなるから、住宅価格は市場価格を反映し、高い所得の人の要求に沿って環境整備は進み、需要が高まるという良循環を形成して取引価格は上昇し続ける。利便施設の誘致や商業施設の誘致も積極的に行われ、住み手の購買力の範囲で需給関係を反映して住宅価格は上昇する。

就学に合わせた居住期間

第二次世界大戦後のアメリカでは、ハイウエーを利用した郊外の住宅地開発が進められた。これらの住宅地は、入居対象者の直接的な生活要求に応える施設を用意するが、総合的な学校教育体系全体を備えた都市環境を整備するまでにはいたらなかったため、住宅需要層のライフステージに対応した幼稚園、小学校、中学校、高等学校といった学校教育施設を持った住宅地として開発され、ライフステージにあわせて七年ごとの住み替えが行われた。

人びとのライフステージは、結婚後、子どもの成長とともに変化し、家族のライフスタイルは育児に大きく左右されることになる。子どもの成長により、育児時間とそれにあわせた両親の勤務環境が変化し、それにあわせて住宅と学校との関係は変化する。学校の就学終了にあわせて住宅の住み替えが行われる。戦前までは、幼稚園や小学校へは徒歩で通園・通学する近隣住区制度が機能していた。しかし、戦後のアーバニズムにあわせて、開発密度の低い郊外住宅地での就学環境を補完する制度として、幼稚園から義務教育に対する学校の通学に、公共的なスクールバス制度が拡充された。アメリカでは、住宅の住み替え需要にあわせて七年統計があり、子どもの就学期にあわせた

ウォルトディズニー社，アイズナー社長時代に開発された「ハワードのかなえられなかった夢の実現」プロジェクト，フロリダの小中一貫学校セレブレーション・スクール

住宅の住み替えが、社会現象として把握できるようになっている。

既存住宅地の場合は、優れた中学校区（ジムナジウム）へ居住するため、入居を希望する家族は、子どもの入学年に、その学校を卒業する子どものいる家族を調べ、子どもの卒業後の転宅が可能な世帯に譲渡を勧め、売却を求めることが一般的に行われている。このような傾向は、将来、大学進学を目標にするジムナジウムへの入学が鍵となるイギリスやオランダ、フランス、ドイツなどヨーロッパにおいて共通している。そうした需要を考慮して、住宅を高く売却しようと思うならば、学区の学校教育内容を向上充実させ、多くの人がその学区に移り住みたいと思う学校経営を支援することが必要となる。学校も地域の要求に対応し、質のよい教師を採用し、高い教育費用を支出できるよう地域からの寄付を求めている。

ウォルトディズニー社が開発したセレブレーション（フロリダ州）の中央に建設されたセレブレーション・スクールは、小中学校一貫の教育体制を取り、その教育内容をモニタリングする大学院があるとともに、教育効果が挙げられない教師の再教育を行うアカデミーが敷設されている公立学校である。そこでは、必修部門以外の文化芸術系の選択授業を充実するために、住民からの寄付を集め、優秀な教師を雇う努力が行われている。それは長い目で見て、自分の所有している住宅の資産価値を高め、より高額な価格で住宅を売却するためで、その実現のために学校の魅力を高めることに関し、学校区全体で共通の理解が形成できている。

NAHBの基本的な営業方針

NAHBのホームビルダーやリモデラーが取り組むべき住宅経営の話を、「セールス・アンド・マーケティング」のセミナーで聴講した。そのときの話を要約すると、次のようなものであった。

ホームビルダーやリモデラーが手にできる粗利は、請負契約額の二〇パーセントである。残りの八〇パーセントは直接工事費で、その部分はホームビルダーやリモデラーに対して、金融機関は建設金融（コンストラクションローン）をしてくれるし、完成した住宅に対しては、住宅購入者がモーゲージを組んで支払ってくれる。しかし、ホームビルダーやリモデラーが手に入れることになるマークアップ（粗利）として得られる請負工事費の二〇パーセントは、金融機関はコンストラクションローンとして貸してくれない。融資額は直接工事費だけである。同様に、住宅ローンとしても、ホームビルダーやリモデラーの粗利分に対しては融資をしてくれない。そこで、ホームビルダーやリモデラーは、直接工事費として見積もった下請工事費から、生産性を高めて利益を上げようと考えている。一方、住宅購入者はホームビルダーやリモデラーの粗利分は、頭金として貯蓄などから自己調達しなければならない。

ホームビルダーやリモデラーにとって自らの純利益を増大するには、粗利二〇パーセントを確保するだけではなく、工事期間中に支給されるのは直接工事費だけであるから、現場での工事生産性を高めて、より以上の利益をあげなければならない。

一〇〇〇万円の工事を行って、二〇〇万円の粗利と四〇〇万円の労賃と四〇〇万円の材料費がかかったとする。工期が四カ月であれば、粗利配分は、月五〇万円であり、労賃は一〇〇万である。その工期を一カ月で行えば、粗利は四倍の二〇〇万円になり、労賃は四倍の四〇〇万円になる。この例のように、請負額が同じでも、工事の生産性を高めて、工期当たりの粗利を最大にし、職人に対しても工期当たりの賃金総額を高め、良質の職人を雇用することが重要である。また、純益を増やすためには、できるだけ直接工事費以外の経費をカットすることである。

ホームビルダーやリモデラーにとって、歯止めなく拡大する危険性のある経費は、広告・宣伝、営業・販売経費である。こうした経費は、ホームビルダー経営を続ける限りつきまとう。これらの費用を縮小するのではなく、ゼロにしなければならない。その方法は、営業経費を掛けずに、全ての住宅工事の依頼を紹介客として獲得することである。そしてNAHBは、ホームビルダーが営業宣伝に費用を掛けない方法を、「建設した住宅をホームビルダーのビルボード（広告塔）にし、住宅購入者をセールスマンにする」という営業の定式化に成功したのである。

建設した住宅は広告塔、建築主が営業マン

ホームビルダーは自分の専門分野を明確にし、建築技術を高め、仕事に当たっては惜しみなくその知識技術を駆使しなければならない。受注する仕事の七〇パーセント以上を紹介客で得られないとすれば、そのホームビルダーは正しい仕事をやっているとはいえない。ホームビルダーの建設した住宅は、巨額な建設費を掛けて建設したもので、ホームビルダーの能力を示すモデルホームでもある。そのモデルホームを見て感動した客は、例外なく、仕事を依頼したくなる。これはＮＡＨＢの営業販売のテキストの中に記載されている内容である。

モデルホームの建設に掛けた費用は、ホームビルダーにとって、まったく負担の掛からない広告宣伝費であるとも説明できる。また、建築主の家族は、実際に建設された住宅に居住し、設計意図どおりにできたことを確かめてくれる試験官である。居住者が自らの依頼に応えた住宅に満足していれば、その気持ちを、友人や知人に話さないわけにはいかない。その意味で、居住者は自社の営業宣伝マン以上の理解者であり、広報官である。建設した住宅は、ホームビルダーにとってのビルボード(広告塔)であり、生活している居住者は、優秀な営業宣伝マンといえる。

ホームビルダーはこのような仕組みを使い、広告宣伝にかかる巨額な営業費用を建築主の負担で行っているわけである。そのためホームビルダーは、建設した住宅には定期的に訪問し、顧客からの意見や生活相談を受けるように努力するべきである。ライフステージは毎年変化するため、顧客の住宅に対するニーズは変化していく。そのニーズに応えた生活のしかたや、住宅のリモデリング

の相談に乗ることで、顧客のニーズにより的確に対応できる。顧客を定期的に訪問するとき、ビルダーは現在、自社で取り組んでいるプロジェクトの先進性を説明するよう指導されている。顧客は自宅を造ったビルダーが優れていることを誇りに思い、新規客を紹介してくれる。顧客が購入した住宅に満足してくれることは、建設した住宅だけではなく、その住宅を建設してくれたホームビルダーへの信頼や共感も含まれている。アメリカでは、日本とは逆に、顧客と手離れしない経営が行われている。

ワシントン州政府が実施している「アメリカ住宅建材セミナー」で、全米規模でリモデリングを実施しているネイル・ケリー・カンパニー社長のトムケリーが、地域を越えて企業規模を拡大する方法を説明している。それは地域の文化に貢献している映画館の改修工事を、自社のドネーション(寄付)で行う企画である。

その方法は、住宅のリモデリングを検討している人が、ネイル・ケリー・カンパニーに相談してくれたら、一件につき一〇〇ドルを改修工事費として寄付するというものである。

映画館のリモデリングの企画は、地域の文化を育てる文化事業でもある。そのキャンペーンを知って、多くの人は文化事業を支援したいと思うだけではなく、この機会にネイル・ケリー・カンパニーの考えを知り、関心をもち、そこからリモデリング契約への途が進めば、一件一〇〇ドルの文化事業へのドネーションは十分回収できる。つまり、このような取り組みを可能にする前提として、これまでの顧客中心の仕事の実績に対する自信があった。このやり方は単純な客集めではない。映画館のリモデリング事業は、企業の広報として大きな成果を上げることができた。それはネイル・

ケリー・カンパニーに信頼される実績があったためである。

日米の住宅の価格比較

企業の経営目的は、利潤の追求である。アメリカの住宅産業を見ていると、同じ利潤を上げるなら、合理的な方法でムリ、ムダ、ムラを省き、大きな生産性を上げようとしている。アメリカと日本の住宅の価格を比較すると、同じ品質の仕事で、だいたい日本のほうが二倍以上高額になっている。そこで、日本で最も住宅生産性が高いといわれている大手ハウスメーカーとアメリカの一般の住宅を比較してみると、驚くべきことに施工生産性は同じ水準で、生産コストもほとんど同じである。日本の中小零細の住宅会社では、大手ハウスメーカーやアメリカのホームビルダーに比べ生産性ははるかに低く、高い生産コストになり、販売価格も高くなっている。アメリカのホームビルダーは、全米レベルで標準化、規格化、単純化、共通化が進んでいるため、非常に合理的で高い生産性を上げることができる。

一方、日本の大手ハウスメーカーは、企業としての固有のモデュールと建築詳細（ディテール）をもち、使用される材料のすべてが一貫した組立てシステムにより作られるため、アメリカのホームビルダーによるＣＭ（コンストラクション・マネジメント）技術によらないが、プラモデルの組立てと同様に工事手順を決め、それに従って住宅を組み立てるため、同様の高い生産性を上げることができている。日本の中小零細の住宅建設業者には、一貫した生産システムがないため、大手ハウスメーカーのように生産性が上げられない。そこで、生産性の低い分だけ住宅価格は高くなる。

アメリカの住宅産業でも、人びとに必要とされる最低基準は決めている。地域環境や土地特性により違う条件に対し、確保する安全性は同じで、同じ地域に複数の優劣基準を作らない。そのように決められた技術を採用することで、地域ごとに相違するバナキュラーなデザインの住宅を開発してきた。それらの住宅は、時代を超えて、人びとが住み替えを行っても安心できる住宅であり、地域ごとの特殊条件に合わせてデザイン開発された、消費者の家計支出に見合う、安全な住宅としてつくられてきたのである。

サスティナブルハウスの四つの条件

二〇〇〇年を迎えるに当たって、HICPMは日本の貧しい住宅ストックの改善を図るため、アメリカとカナダのストックの住宅産業を支えるために必要なフローの条件を調査研究してまわった。そのときの最大のポイントは、日本の住宅では購入後、その資産価値は例外なく下落し、長い目で見ると国民は住宅を保有することで貧困になっている。それに対し、アメリカとカナダではその逆で、国民は住宅を取得することで資産を形成し、長い目で見ると個人だけではなく、地方公共団体の財政基盤を高め、金融機関の信用力を高め、住宅を取得している人の購買力は向上している。その違いは、アメリカの不動産鑑定評価(アプレイザル)のシステムの中にすべて書かれている。

住宅不動産の鑑定評価の基本は、住宅地と住宅の二段階の環境評価になっている。

第一段階としては、住宅地自体が優れた歴史文化環境として計画され、そこに居住する人びとの生活文化を育むように経営管理されていることへの評価である。その方法をアメリカやカナダの不動産関係者は、「ロケーション」という言葉で一括りにしている。よく調べて見ると、ロケーションとは、生活を育むことができるデザイン、機能、性能が優れた内容で計画され、造られ、計画どおりに管理運営が行われていることを指している。それらの条件を前提に、住宅を購入する人たちの生活文化を豊かに育てる住宅地および住宅環境がつくられている。

第二段階としては、住宅の販売価格を購入者の適正住居費で供給すること、住宅購入世帯の生活要求に柔軟に対応して生活できる住宅空間であることがわかった。

アメリカとカナダにおいてサスティナブルな住宅の条件とは、アフォーダブル（家計費支出に適合すること）、バリュアブル（住宅の社会的価値が維持向上すること）、フレキシブル（居住者のライフステージ・ライフスタイルに柔軟に対応できること）、グリーン（健康で安全・衛生性能を有する環境であること）の四条件であった。

アフォーダブル（家計費支出に適合すること）

住宅の価格は、顧客が適正な家計負担で購入できること。年収の三倍以下の価格で購入できるか、月収の三〇パーセント以下の家賃、または住宅ローン返済で供給されることである。住宅に入居した結果、ローン返済や家賃支払いのために、家計費が狂わされてはならない。アフォーダブルな条件は、アメリカ社会の住宅を考える前提条件で、住宅のロケーション（都市生活環境施設）との関係で、住宅地の開発密度を考えることであり、開発密度に合わせた住宅地の環境計画とランドスケーピングを行うことである。

すでに一九六〇年代のアメリカでは、経済成長にともなう地価の高騰に対し、庭付き一戸建の住宅を所有することが困難になっていた。アパート（共同住宅）並みの住宅費負担で、戸建住宅並みの環境を手に入れたいという人びとの要求命題に応え、タウンハウスが開発された時代背景がある。

環境を守りながら高密度開発をするために、ＰＵＤ（Planned Unit Development：「一団地の住宅施設」）の環境開発計画の考え方を導入した。開発地規模に見合って開発密度を高めても、環境が維持される主体性をもった住宅地経営をすることがなければ、アフォーダブルな住宅供給は不可能である。ＰＵＤによって環境を維持し、高密度開発を実現する手法の鍵が、オランダで見たコモン（共有地）の計画方法である。

バリュアブル（住宅の社会的価値を維持向上すること）

住宅の価値は、住宅地として優れたランドスケーピングがなされ、経営管理されている住宅地の中に建てられたすべての住宅が、クラシックなデザインでつくられ、住宅地開発で定められたアーキテクチュラル・ガイド・ラインを尊重し、相乗効果を発揮して建てられていることである。

アメリカの金融機関は、モーゲージを得て融資を行うため、いつの時点で住宅を売却しても回収できるためには、経年しても歴史文化的な様式美を維持し、人びとに懐かしさを感じさせるクラシック様式のデザインであることが、住宅市場で高い需要に支持される条件とされている。これが、一九三四年にＦＨＡ（連邦住宅庁）がモーゲージの債務保証を始めたときに採択した条件でもある。

フレキシブル（居住者のライフステージ・ライフスタイルに柔軟に対応できること）

居住者が同じであっても、人びとは年ごとに成長し高齢化するため、そのライフスタイルも年を追って変化せざるを得ない。住む人のライフスタイルが変化しても、その住宅は居住者の生活要求に柔軟に応え続けることのできる住宅として造らなければならない。多様なライフスタイルに柔軟に対応できるオープンプランニングを採用し、それぞれの生き方を尊重し合えるユニバーサルデザイン、バリアフリーの考え方が設計に提案されている住宅に満足感をもつことになる。この考え方は、生活する人だけではなく、その住宅を訪れるすべてのライフステージの人にとっても、楽しめる空間になる。住宅は社会生活をするうえで、家族が親戚、友人、隣人、職業上の人との関係を築くための交流の場でもある。

グリーン（健康で安全・衛生的でエコロジカルな環境であること）

グリーンの内容は、セーフティ、セキュリティー、ヘルシーなどの安全・衛生に対する要求を、エコロジカルなシステムで実現することである。そのためには、太陽エネルギーの利用、地下の恒温性の利用、緑の炭酸同化作用や微生物による水質浄化システム、風水（水と風のエネルギー移動）に考慮し、風通しと緑樹による蒸散効果、断熱・遮熱などストックのエネルギーの活用を重視し、フローのエネルギー利用を最小にする。また、降雨水の地下貯留や自然地盤に対応した経済的に優れた構造技術の活用である。住宅開発に衣食住全体の営みを考慮し、「医食同源」の考え方を採り入れ、郊外住宅はもとより、都心の庭やバルコニーでも、堆肥作りとプランター栽培、有機農法による自宅菜園を計画するといった、アグリカルチュラル・アーバニズムの考え方である。

3―セキュリティとの闘いの歴史

スマートハウスとゲーティッド・コミュニティ

アメリカでは、犯罪に巻き込まれやすい住宅の市場価格は下落するため、防犯には昔から関心が高く、ITを使った防犯技術は、第二次世界大戦直後から住宅地開発に取り込まれてきた。最近の日本では、スマートハウスや、ゲーティッド・コミュニテイ(入門規制で守られた住宅地)が盛んに売り出されているが、いずれもアメリカでは、半世紀前からそれらの取り組みが実践され、ゲーティッド・コミュニティも一般化して、すでに四半世紀余が経過している。

アメリカでは既存住宅の販売を考えて、防犯施設が計画どおり機能しているか、実際の住宅でどのような防犯効果の実績を上げているかが必ず問題にされる。アメリカ社会ではっきりしていることは、セキュリティ設備が整備されたことではなく、結果として、住宅地での防犯機能がいかに効果を発揮しているかが問題になる。住宅の市場取引では、防犯施設や設備が付いているかではなく、実際の犯罪防止効果が問題にされる。そのためホームビルダーは、自分が取り付けたセキュリティシステムには、消火設備のように高い関心をもち、毎年必ずやってきて点検している。

アメリカの住宅産業は、ストックとして住宅の資産価値を高め、住宅購入者が純資産(エクイティ)を高めることを目的に住宅経営を行ってきた。顧客からの高い評判(レピュテーション)によって紹介客を得るため、広告宣伝や営業経費を節減し、住宅ストックの防犯性や売却価格の評判がディベロッパーやホームビルダーの信用をつくり、企業の営業宣伝力となる。それらが企業の将来的な経営力の基盤をつくっている。

「ホームアローン」の世界

アメリカにおけるハイウエー開発と一体的に開発されたレービット・タウンは、非常に優れた環境の住宅をきわめて合理的な価格で販売したため、燎原《りょうげん》の火のように全米に広がった。中高所得の都市居住者が、低密度の優れた環境に移住することになった結果、郊外移住する経済的能力のない層が都心に置き去りにされて、アーバニズム(都市化)が急速に進んだ。都心部には低所得者層と犯罪者が取り残され、「ドーナツ化現象」と呼ばれる社会構造が生まれることになった。

一方、低密度開発の勤労者階層で構成された新しい郊外社会では、昼間は人びとが著しく少ない、ゴーストタウン(無人街)と化した。隣戸との距離も離れ、近隣の地縁共同体で留守世帯の世話をするといったつながりもなく、学童は帰宅後、学校で約束した友達の家へ母親が車で送迎するといった生活であった。そのため、映画『ホームアローン』に見られるような現象が頻発するようになり、その対策として生まれたのが「スマートハウス」であった。

住宅にIT技術を採用したスマートハウスの効果は、期待したほどのものではなかったため、それを強化するために住宅地全体を塀で囲い、入門する「ゲーティッド・コミュニティ」が考案された。しかし、問題はそれらの効果である。結論から言えば、その後、何度も実施された防犯調査によれば、スマートハウスにしてもゲーティッド・コミュニティにしても、実施していないコミュニティと比較して、顕著な優位性は認められなかった。

ハワードによる住宅地経営理論『明日へのガーデンシティ』

アメリカに限らず、どこの社会でも、セキュリティが悪い住宅地に対して住宅需要が高まることはない。住宅に対する関心は、自分の年収の三倍以上もする高額な住宅であるから、大切な財産として守られなければならない。

住宅による資産形成を向上させる方法は、イギリスで一九〇〇年、エベネザー・ハワードにより提案された。ハワードは自らを、住宅の資産価値を高める住宅地経営の発明者といい、アメリカでの生活経験と、イギリスでの貴族による大土地経営の理論を、住宅地経営として展開した。ハワードはシカゴで生活し、歴史的ストックがなくても、人間のニーズに応える営みにより豊かな生活を支える都市ができることを知った。シカゴは中世の都市ストックを持たないにもかかわらず、ロンドンに比較し遜色《そんしょく》のない豊かな都市環境をつくりあげていた。その方法は、市民の受益者負担（スポンサーシップ）の原則を基本に、それを求める人びとの営為により実現していた。また、リースホールドによる土地活用により、自ら労働をせずに領地の資産価値を高めてきたイギリス貴族のシステムを発見した。

ハワードは、シカゴで発見した受益者負担の理論と、イギリス貴族のリースホールドによる土地経営の考え方を、住宅地経営理論に結合して展開した。ハワードはその著作『明日へのガーデンシティ』を社会に問うとともに、ロンドン郊外五〇キロの場所にレッチワース・ガーデンシティの開発を始めた。レッチワースはロンドンから離れ過ぎていたため、計画どおりの熟成には至らなかった。そこでロンドンから三〇キロの近郊に、第二のウェルウィン・ガーデンシティを開発し、自らそこに自宅を所有した。その後、イーストエンドに働く工場労働者のセツルメント事業を実施していたマーガレット・ヘンリエッタ女史が、ロンドン北部のハムステッドで、ハワードの理論を生かしたハムステッド・ガーデン・サバーブを開発したが、イーストエンドの労働者が通勤する立地としては無理があったため、その後ロンドン地内の勤労者住宅に計画変更され、優れた住宅地に熟成した。

ハワードの都市経営の理論はその後、アメリカ、カナダ、オーストラリア、ドイツ、フランスなど世界各地の都市計画や住宅地開発に生かされた。日本でも戦前の阪急（宝塚）、東急（田園調布）、小田急（成城）、東武（常盤台）など、電鉄会社による郊外開発にこの考え方は生かされている。

ハワードが開発した二つのガーデンシティはその後、熟成し、第二次世界大戦で壊滅的被害が及んだロンドンでは、その戦災再興計画において、ハワードのガーデンシティの理論が労働党のニュータウン政策として採用され、ハワードは欧米で「都市計画の父」と呼ばれている。

ラドバーン開発と「三種の神器」

ガーデンシティの住宅地経営理論は、二〇世紀初めアメリカにおいて、ニューヨークのフォレストヒルズをはじめ複数の都市で取り組まれたほか、フライブルク（ドイツ）でも実践された。なかでも、カンザスシティにおいてJ・C・ニコルズが実践したリースホールドによる新しい住宅地開発

ラドバーン（ニュージャージー州）のクルドサック沿いの住宅（クラシック様式）

ラドバーン開発で人気のあったビクトリアン・スティック様式の住宅

ラドバーンの歩車分離を行った象徴的な立体交差（歩行者道トンネル）

技法は、全米に大きな影響を与えた。その中心部分をなす公園計画とセットバック（前面の建築壁面を前面道路幅員だけ後退）や公園を採用する技術は、日本の田園調布の開発にも影響（前面道路幅員の半分の後退）を与えることになった。

リンドバーグが大西洋単独横断飛行を成功させ、凱旋帰国し、まさに経済的繁栄を謳歌していた一九二八年、ニューヨーク・シティ・コーポレーションがJ・C・ニコルズとチャーリー・アッシャーが取りまとめたフリーホールドによる住宅地開発を、クラレンス・スタインとヘンリー・ライトの設計した歩車道分離の計画によって着工した。これがニュージャージー州フェアローンカウンティで行われたラドバーン開発である。

しかし、この開発は、その翌年の一九二九年、世界恐慌に見舞われ、開発規模を半分程度に縮小せざるを得なかった。世界恐慌後の経済対策として、ルーズベルト大統領の指示で複数の開発計画が実施されたが、経済不況下でいずれも期待した成功を収めることはできなかった。

このラドバーン開発が、住宅所有者の自治による住宅地経営として、その後のアメリカにおける新しい住宅地開発の基礎となったもので、ラドバーンはアメリカン・ドリームを実現する持ち家による住宅地開発のメッカとされている。この開発計画は、一九二〇年にT型フォードが登場し、自動車が国民の足になろうとしていた一方で、交通事故が多発し始めていた時代である。ラドバーン開発は、子どもたちの通園・通学に利用する道路を、自動車道路と立体的に交差された最初の計画でもあった。歩車道分離の住宅地計画はその後、「ラドバーン計画」と呼ばれ、それ以降の住宅地開発の基本技法に採り入れられた。

ラドバーン開発は、日本ではフローの技術として、ものづくりの設計者の名前（クラーレンス・スタイン）で知られ、欧米ではストックの技術として、住宅地経営システム開発者（J・C・ニコルズ）の名前で広く知られることになった。

この開発では、住宅を購入した土地所有者による住宅地経営主体が、HOA（Home Onners Association：住宅地経営管理協会）として設立された。住宅地開発業者は開発地全体を所有し、経営する都市の特性と計画する入居者像を実現目標（マニフェスト）として明らかにし、住宅地単位の自治政府の設立を宣言する。それに基づき住宅地の環境管理に関するマスタープラン（基本計画）とアーキテクチュラル・ガイド・ライン（建築設計指針）に基づく都市施設を決定し、公共性の高い都市計画事業として開発する。そして、ハードな計画に沿った、住宅地生活に関するソフトなルールを決め、その二つのルールを遵守させる自治体の憲法である基本法CC&RS（Covenant Conditions and Restrictions：強制力を持つ民事契約約款）を制定し、公正証書として登記所に登録、それに基づき経営管理する方法としてとりまとめられた。フリーホールドによる資産経営を維持向上する住宅地経営は、「ハードなルール」と「ソフトなルール」と自治政府としての「HOA」のまさに「三種の神器」による方法が確立されたのである。

ディベロッパーの役割と住宅地の経営管理技法

この住宅地の経営方法がその後、現在までのフリーホールドによる住宅地経営管理の基本となっている。ここで重要なことは、住宅地の経営主体であるHOAが、このルールを守らなかった人にはイエローカード（罰金）を科し、罰金を支払わなかった人に対してはレッドカード（住宅地からの強制排除：退場）を強制執行できるようにしたことである。レッドカードは、住宅所有者の先取特権を差し押さえる権利である。その罰則の執行に当たっては、最終的に裁判による判決を必要とするが、裁判上の判断の基準はCC&RSによっている。実際の執行はHOAと契約を締結した専門の住宅管理会社で、ディベロッパーがその分身として管理会社をつくることが基本である。

フリーホールドによる住宅地開発は、ディベロッパーが実施する経営方針（マニフェスト）を明らかにして、公正証書として登記し、ゾーニングコードに適合する開発計画の許可を受ける。そのとき、その住宅地経営の主体としてHOAを定めることが必要となる。

HOAは、住宅所有者全員に一票の投票権を与えた独立法人（団体）として登記されるが、この団体の経営方針を決めるものが総会で、執行機関が理事会である。総会の投票権は、住宅不動産の所有者（土地所有者）ごとに一票与えられるが、この際、売却できていない土地に対しては、所有者であるディベロッパーが三倍（三票）の投票権を持つことになる。それはディベロッパーから住宅を購入した人が、ＣＣ＆ＲＳによる契約内容を将来にわたって履行する担保として、ディベロッパーに契約内容の履行の遵守を確実にできるようにするためである。

つまり、売却する土地の総量が開発地全体の四分の三を超えるまでは、ＣＣ＆ＲＳに反対するような事態が生じても、ディベロッパーが住宅購入者と約束したＣＣ＆ＲＳを守ることができるように、ＨＯＡにおける過半数の投票権を維持させるためである。ディベロッパーのＨＯＡに対する影響力は、開発地の四分の三を売却して以降は縮小し、販売が終了して土地所有権を失ったときにゼロになる。しかし、ディベロッパーは住宅地の計画、開発、経営に精通した知識、経験、ノウハウをもっていることから、ＨＯＡが経営権をもった最初の段階から、住宅地経営の裏方として、ＨＯＡとの契約により、その住宅地経営を支援することになる。ＨＯＡが住宅地経営を行う政府であり、ディベロッパーはＨＯＡ政府の下で働く事業提案権をもった官僚機構のようなものである。

ＤＰＺによるシーサイドでのＴＮＤ開発

セキュリティの高いコミュニティの作り方を調査する中で、一九二〇年代というＴ型フォードが登場する以前の、歩行者による生活が中心であった当時に開発された住宅地が、防犯性能も高く、その後も優れた住宅地として資産価値の高いことが判明した。そうした住宅地に共通している点として、地縁共同体として、居住者相互がその違い（個性）を尊重し合う関係が生まれ育っている住宅地であることがわかった。

この問題を調査研究し、街づくりに実践していたDPZ（アンドレス・ドゥアーニーとエリザベス・プラター・ザイバーグ夫妻）が中心になり、その計画手法を伝統的近隣住区開発（TND）と名付け、アメリカの東南部で試行錯誤的な住宅地開発に取り組んできた。一九八〇年になって、フロリダ州のガルフ湾に面したシーサイドでディベロッパーをしていたデービスは、当時マイアミを中心に活動していたDPZの取り組みに共感して、シーサイド開発を依頼することになった。

デービスは、緊張した生活から一時または長期に離れて、リゾート地で豊かな生活を送りたいというニーズに応える開発を考えていた。フランスでミッテラン大統領が取り組んだ「自由時間都市」と同じコンセプトである。デービスの要請を受けて、DPZはTNDの計画論をシーサイドのリゾート開発で実践した。

この開発が非常に短期間で全米に広がった理由についてデービスは、シーサイドのコンセプトは、ストレスの高まった現代社会に必要な住宅地づくりにあることを指摘した。その普及した理由を、シーサイドの事業経営に関しアドバタイズメント（広告宣伝）は一切しないが、PR（広報）として、シーサイドの情報をジャーナリズムに流し、シーサイド計画は社会が求めている課題に挑戦するもので、社会の要請に応える話題性があることを説明した。ジャーナリズムは興味をもって取材し、TNDの挑戦を全国規模のメディアが競って取り上げてくれた。デービスの説明どおりシーサイドの事業は、広告宣伝費ゼロで多くのメディアに紹介され、全米のみならず世界の関心を引き付ける

全米で三番目に美しいといわれる鳴砂の砂丘の眺望をとりいれた住宅

シーサイドに来た人が，屋上からメキシコ湾が眺められるよう展望台が付いている

歩車道共存（歩行者優先）道路は公園内の道路より

シーサイドのどこよりもダウンタウン(中心)に最も早く到達できる近道(ショートカット)

ことに成功した。

イギリスのアーバン・ヴィレッジ運動を提唱しているチャールズ皇太子も当地を訪問し、それをBBC放送の「ヴィジョン・オブ・ブリティン（イギリスの未来像）」という番組で三日間連続で放送し、その中でシーサイドを高く評価している。

その後、チャールズ皇太子は、イギリスのコーンウォールにプリンス・オブ・ウェールズが所有する領地パウンドベリーに、シーサイドの建築設計を担当した建築家レオン・クリエをチーフ・アーキテクトとして招聘し、一六〇ヘクタール規模のアーバン・ヴィレッジ計画を実践している。この計画は二〇二五年頃に完成する予定で、目下開発中であり、入居も進んでいる。アメリカのニュー・アーバニズムと基本的に同じ思想に立っているが、チャールズ皇太子の領地（プリンス・オブ・ウェールズ）の歴史文化へのこだわりを新しい街づくりに実現しようとする強い思いを確認することができる。

ケントランズ開発のコンセプト

ＴＮＤ計画は、犯罪発生率を抑えることができ、資産価値を維持向上できる開発技法であると評価され、短期間に全米に拡大することになった。一般住宅地として取り組まれた代表的な開発が、ケントランズ（メリーランド州）である。ワシントンＤＣの中心部から四五分程度の距離にある。

ケントランズの所有者は、かつてイギリスから移住してきた貴族で、自分の領地を開放し、慕われていたケントさんの遺志を引き継ぎ、当時の自然環境を守るよう考えていた。そのため、ワシン

ケントランズの最初期の住宅，自動車の導入路（バックアレー）を囲む住宅

ケントランズ，斜面状の公園に沿って建てられた車の危険性のない戸建住宅

トンDCからのスプロール開発の誘いには応ぜず、そこには『沈黙の春』の著者レーチェル・カーソンの自然環境を守る研究所などが立地していた。しかし、TND開発がアメリカ社会で大きな関心をもたれるようになり、アメリカ人が建国時代の誇りをもって生活することができる開発であれば、ケントさんの意思を踏みにじることにはならないと考え、その子孫がTND開発に応じることになった。その意思はその後、ケントランズが開発され、建設された「レーチェル・カーソン小学校」という名前にも象徴されている。

ケントランズは開発に当たって、住宅地の基本イメージづくり(ヴィジョニング)として、アメリカの植民地時代の首都があったウィリアムズバーグの領事の邸宅(マンション)と、ケントさんの農業用倉庫(バーン)のイメージを据えることに決められた。それはアメリカ建国当時の街にこだわり、再現したものである。

ケントランズでは、DPZが全体の計画をTNDの思想に立ち返って、ケントさんが住んでいた当時の土地利用の考え方を生かし、伝統的な建築材料にこだわり取りまとめた。基本的には、のどかな時代の景観がこの開発でも基本的に守られている。そして、ケントランズの住宅には、屋根材はシェーク、サイディングも無垢《むく》のシーダー材を使うなど、本物の材料が使用された。

歩道中心に住宅地が構成され、車道はすべてバックアレーとして住宅の裏手からアプローチするように造られている。そしてすべての車庫は、人が生活する小屋のように小さな切妻のデザインで造られ、道路から見られるガレージの外壁には、住宅風の窓が付き、バックアレー周囲に集約して建設されるガレージ全体が小さなコテッジのような景観でまとめられている。

ケントランズは、シングル・ファミリー・ハウス（戸建住宅と連続住宅）による住宅地と並んで、所得が高くなくても居住できる高密度なマルチ・ファミリー・ハウス（共同住宅）による住宅地から構成され、隣接して大きなショッピングモールが造られている。このショッピングモールは、ケントランズの周辺に開発された類似の住宅地の商業施設としても利用される。その後背人口は、ケントランズの一〇倍くらい大きいため、その消費人口に支えられて、ジョージタウンのショッピングモールに匹敵する規模・内容に成長してきている。

アクティブ・リタイアメント・コミュニティ

そのショッピングモールに連続して、アクティブ・リタイアメント・コミュニテイを中層階に持つ併存共同住宅街が造られている。中産階級の高齢者がこの地区に居住することで、一階部分に広がる商店街は、元気で消費力のある人たちが楽しんで生活をする賑わいのある街となっている。

ケントランズが開発された当時は、ショピングモールに出店している店舗も商業施設自体もまばらで、寂しい感じがあった。しかし、ケントランズに隣接してレイクランズが開発され、さらに同じTNDの考え方に立って多くの住宅地開発が進み、今では広大な市場を背景にした住宅地の中核的な商業施設として、多くのカフェやレストランが軒を並べ、多くの商業・業務施設も並ぶショッピングモールに成熟している。特にアクティブ・リタイアメント（リゾート居住を楽しむ富裕層）を取り込むことで、常時、多数の人が寛ぎ、にぎわう盛り場が生まれ、消費活動が盛んで活気のある、住宅と商業とが併存・混合した地区を形成している。

ケントランズは、学校教育施設、社会福祉施設、コミュニティ施設が充実し、ショッピングセンターには遠くの住宅地から買い物客が集まってきて、この地域の中核的な住宅地として成長し続けている。ケントランズは、多くの人たちにとって憧れの住宅地であるため、いったんここで住宅を取得した人は、手放したがらず、投資物件として高い賃貸料の取れる賃貸住宅として維持する人も多い。

住宅地全体が、所得階層の高い人びとの住む住宅地にゆっくりと変化しているため、所得の低い人びとには税負担が高くなり、住みにくくなるとも言われる。しかし、周辺に同一規模の安い住宅が開発され続けているため、ケントランズの住宅を売却し、住宅を買い替えることで大きな資本利益(キャピタルゲイン)が得られている。そのため、ケントランズの住宅購入圧力は変わらず高まっている。このように住宅が常時、売り手市場を維持継続できることは、その住宅地経営が適正に行われている証拠でもある。

4―スラムクリアランスからニュー・アーバニズムによる再生

プルーイット・アイゴウ団地

アメリカのスラムクリアランスの歴史の中で最も有名な事例といわれるものは、ミズーリ州のセントルイスで行われたプルーイット・アイゴウ団地の再開発である。この事例は、文字どおりのスラムクリアランスの革新的な再開発として、一九五一年に世界的に話題となった。それは、スラムクリアランス（スラムの解体清掃）をした後に、エポックメーキングなモダニズムの流れを組むインターナショナルスタイルのデザインを採用した共同住宅による再開発事業であった。この建築デザインは、当時、ニューヨークを中心に活躍していた日系建築家ミノル・ヤマザキの設計によるもので、時代の先端をいく前衛建築デザインで、社会的にも話題を呼んでいた。

再開発事業を完成したそのわずか一七年後、この一一階建・鉄筋コンクリート造、三三棟、総住宅戸数二八七〇戸の共同住宅は、政府の手により、一瞬のもとに爆破された。この青天霹靂《せいてんのへきれき》ともいわれる、過去に例を見ない大規模な破壊事業が、政府の手によって行われたことで、世界的に注目を浴びた。結果として、取り壊しによって全ての責任が共同住宅という「物」に転嫁された。こうした問題の処理が正しかったのか、という疑問は現在なお続いている。

建設後一七年間に共同住宅が急激に衰退した理由が、当局および関係者から説明された。そして衰退の原因はすべて、犯罪を起こしやすくする住宅計画にあるとされた。もしそうだとしたら、建築家ミノル・ヤマザキによる同じ設計理論で造られた住宅に類似の問題が起こっているはずだが、そのような報告はない。未だにこの住宅団地の抱える問題の解明が、多くの研究者により続いているが、研究報告はいずれも住宅地崩壊の可能性の指摘であって、原因についての決定的な説得力をもたない。

アメリカにおけるスラムクリアランスの評価

プルーイット・アイゴウ団地に対する日本人研究者の調査研究には、工学と社会学の両面からの研究がなされている。しかし、社会学的な調査研究は、表層的であり、歴史文化的視点からの研究はほとんど行われていない。そのため、研究から導かれる結論は、対症療法的なもの以上には展開されていない。人文科学的なアプローチとは、まず、この開発地およびそれを取り囲む地域・地区社会には、どのような歴史文化が内在しているかを明確にする。それと合わせて、居住する人たちがどのような社会階層で、いかなる歴史文化を担ってきているかを明示しなければならない。そのうえで、プルーイット・アイゴウ団地が居住者の生活要求に応えるものとして、どう造られたのかを明らかにして、計画と現実の矛盾を解明し、居住者が主体性をもって生活再建をするために、どのような展望を描くことができるかの筋書きをつくることである。

シカゴのスラムクリアランスとして成功した事業は、以下のような手順で進められていた。まず、街路灯を取り付ける事業から始められた。夜間の歩行における危険性が減ること、街路灯の設置で住民が生活改善を実感し、環境の改善に希望をもつことが確認された。その後、疾病の原因になる道路の排水や下水事業が順次取り組まれ、環境改善によって人びとの生活に希望が広がることで、住民に前向きの姿勢が育てられ、地域の清掃にも積極的に参加するようになった。育児や勉強の世話をする子どもたちの未来に向けての取り組みも始まり、住宅の生活改善への関心が高まっていった。

そのような環境改善の究極の目的は、居住者が主体的に生活改善の意識を形成し、それに応える新しい住宅の獲得に向かうことである。住居も重要であるが、人びとの生活は住居で完結するものではない。そのためには、その地区で生活している人たちが、お互いの違いを認識し、相互にそれぞれの生活を尊重し合い、共同で利用する空間と帰属意識を抱くことができる歴史文化を育んでいくことを通して、スラムクリアランスは成果を上げていく。居住者の意識は、ものづくりだけで変わるものではない。

アメリカにおけるスラムクリアランスについて、その後、調査をしていくと、全米の中でクリアランス(破壊・清掃)型のスラム改良事業はきわめて少なく、圧倒的多数の事業は、コンサーベーション(保全・保守)とかリハビリテーション(機能改善)といわれている、地区の歴史文化を成長時間軸として考えた四次元の街づくりとして取り組まれている事業であった。そして、クリアランスと呼ばれている事業は、土地利用を高密度に転換する場合に限って行われていた。

確かに住宅地が衰退する理由には、産業構造の変化や、経済や景気変動が大きな要因となり、拡大再生産されていく。それが急速に進行する場合には対応は難しい。しかし、いったん衰退現象が安定すると、置かれた状態を客観的に見つめ、その中で住民が主体性をもって取り組む可能性が生まれてくる。

貧困を拡大再生産していたハイポイント

現在、世界的な注目を浴びている、シアトル西部に位置するハイポイントは、ボーイング社のかつての工場労働者スラムを救済する目的で建設された公営住宅団地である。住宅を公営住宅で供給・救済しても、生活全体が改善されるわけではなく、ここも貧困を再生産する地区になっていた。犯罪の多発地帯で、シアトルでも怖いところとして、他の地区の居住者は、よほど特別に行く用でもない限り寄り付くところではなかった。この地区では、働ける年齢の人が雇用の機会に恵まれないこともあったが、社会保障や慈善事業に依存し、働く意欲を失い働きに出ようとしなかった。

子どもたちも学校を安易に休み、誰にも意見をされず、街中に子どもたちがたむろし、恐喝をする情景が見られ、パトカーが頻繁に呼びつけられていた。高齢者も居場所を見つけられずに邪魔者扱いされていた。居住者の購買力も低下していくため、周辺の経済活動も悪化の一途をたどり、貧困が地区周辺まで引きずり込んでいった。このような地区は、地方財政としても税収は上がらず、逆に防犯対策などの財政負担ばかりが増大する負の存在になっていた。

HOPEⅥ計画

HUD（住宅都市開発省）では、衰退化が進んでいる地区を改善するための政策として、住宅を所有することを梃子《てこ》に、人びとの生活改善を実現する「HOPE（Home Ownership and Oppor-

良循環を生みだす住宅地には人びとが集う公園がある，といわれるとおり，ハイポイントには多数の公園が計画されている

屋根勾配の急なクラフツマン様式の住宅が，ダイナミックなスカイラインの連続住宅として建てられている

tunity for People Everywhere）Ⅵ計画」を進めてきたが、効果の上がる決定的な方策は見つからずにいた。しかし、一九九二年から始まった「ＨＯＰＥⅥ」計画においては、ＨＵＤ内の約一年間にわたる密度の高い議論の結果、ニュー・アーバニズムの考え方を取り入れて実践することが採択された。ＨＵＤが採択したニュー・アーバニズムの考え方は、次の「住宅地開発の三つの考え方」が基本になっている。

第一の考え方：ＴＮＤによる街づくり

一九八〇年にシーサイド（フロリダ州）で始まったＴＮＤ（伝統的近隣住区開発）の考え方である。それは、都市に居住する人それぞれが、違った考えをもっていることを知り、対等に尊重し合う、理解し合うことにより、民主主義を実現する生活空間をつくるという、フランク・ロイド・ライトの「建築の四原則」の考え方と共通する、地縁共同体を重視する街づくりの理論である。

この考え方は、自動車が生活の足になる一九二〇年代以前に開発された、居住者が主体性をもって運営する地縁共同体の良さを発見することから、伝統的近隣住区への回帰を図る街づくりに向けて、ハードな計画理論とソフトな住宅地経営を採り入れ、それらをＴＮＤ理論として構築したものである。

第二の考え方：サスティナブル・コミュニティ

同じく一九八〇年に、カリフォルニア大学バークレー校で、ピーター・カルソープが新しい都市計画の考え方として提起した「サスティナブル・コミュニティ」の考え方に基づくものである。これまでのように、産業のイニシアチブでつくる都市計画の考え方をやめ、持続可能で豊かな生活を目的に行おうとするものである。

豊かな生活を享受したいと考える人間を大切にすれば、豊かな生活を求める人が集まり、有能な企業は優秀な人材を求め、有能な社員に良い生活環境を与えようとして、企業は集まってくる。これまでの産業重視の街づくりとは逆転の考え方を提示した。この考え方は、ラグナーウエスト（カリフォルニア州サクラメントカウンティ）で事業主ヒル・アンジェデリスが、ピーター・カルソープを設計者として迎え入れ実践した。その後、この計画が具体化したとき、アップル・コンピュータ・グループが全体として立地したことで、この理論は社会的に注目された。ハワードの『明日へのガーデンシティ』と基本的に共通する都市経営の理論である。

第三の考え方：エコロジカル・コミュニティ

エコロジカルな街づくりの考え方である。一九七〇年代のドル危機のとき、地球上の資源の有限性を明らかにしたローマ会議の議論や、ゼロサム（経済成長ゼロ）社会の到来が提起され、それをきっかけに、エルンスト・フリードリッチ・シューマッハ『スモール・イズ・ビューティフル』が社会的に高い評価を受けた。それに呼応する形で、マイケル・コルベットによって開発されたヴィレッジホーム（カリフォルニア州デービス市）は、太陽エネルギーと地下の恒温性を利用したアース・シェルタード・ビルディング、緑樹と風水のエコロジカルなシステム技術を取り入れ、ハワードの『明日へのガーデンシティ』の理論と組み合わせて実施した事業で、経営的にも大成功を収めた。

以上、三つの住宅都市環境の実践者が、ヨセミテ公園（カリフォルニア州）内のアワニーホテルに

ピーター・カルソープのサスティナブル・コミュニティ：緑豊かな公園として造られた都市が，ガーデンシティの理想である

ノースウエスト・ランディングの大きな広場の中に作られた子どもの理想的な遊び場

集まり、新しい住宅都市環境を形成する上で、開発業者、地方公共団体、州政府、連邦政府が果たす役割分担を「アワニーの原則」として合意した。その議論に参加した計画者たちが実践してきた技術と概念を「ニュー・アーバニズム」として取りまとめ、ニュー・アーバニズム運動として広く展開することになった。

ＨＵＤは、このニュー・アーバニズムこそ、「ＨＯＰＥ Ⅵ」の基本理念として利用するべき結論であることを、広い議論を展開して導き出した。ニュー・アーバニズムという用語は、戦後アメリカの都市開発が、ハイウエーとともに進んだ時代の郊外都市開発を「アーバニズム」と呼んでいたことに対立する概念として、新しい都市づくり「ニュー・アーバニズム」と名付けられたものである。

ハイポイントにおけるＨＯＰＥⅥ計画

新しく開発されたニュー・アーバニズムの概念を全面的に取り入れたＨＯＰＥⅥ計画は、全米各地で取り組まれたが、不良住宅地区の改善事業の成功例の代表が、ハイポイントである。ハイポイントは、西シアトルの高台にあって、その地区が衰退しスラム化したため、その地から流れ出る汚染水により、河川の流域全体が汚染され、洪水調節機能を失い、ついに、かつて鮭が遡上し産卵していた河川から鮭の姿が見られなくなってしまった。やがて鮭を呼び戻す運動は、ハイポイントの事業を象徴するものになっていく。

そこでパイポイントのＨＯＰＥⅥ計画では、河川の水質浄化と雨水の洪水調節が、鮭の遡上できる河川の再生運動と一体的に取り組まれた。環境改善の大きな柱として、地球のもっているエコロ

ハイポイント：鮭の遡上を実現させた水質浄化と親水公園による雨水調節

ジカルな浄化機能を生かすことで、雨水や雑排水の地下浸透（濾過と生物酸化・還元）浄化システムと、雨水調節池の浄化と洪水調節機能を生かし、鮭が遡上する河川に回復した。

地下（土壌）を利用して浄化された調節池を利用し、住宅地の景観を演出する眺望のよい緑樹に囲まれた親水公園に組み込み、下流への洪水調節を図ることで、鮭の遡上・産卵できる環境を整備した。この河川をよみがえらす取り組みは、水の流れを利用して上流の水質改善を下流に拡大する、動力源を使わない経済的合理性の高い方法によって実現した。

ハイポイントの成功とニュー・アーバニズムの仕組み

ハイポイントの都市復興に当たって、子どもと老人を大切にした取り組みを、市民の社会的ボランタリーグループの活動を通じて実施した。

この地区の未来の担い手である子どもたちが、希望をもって育つために、未就学段階から教育支援を行った。

次に、高齢者や身障者たちに対しては、社会福祉事業を持ち込んで、安心して老後の生活が送れる環境がつくられた。老人たちの生活上の安心感は、未来に向けて社会全体に大きな安らぎをもたらすことになった。

それまで一世帯当たり年間二〇〇万円程度の低所得であった人たちも、子どもや老人の世話をする必要がなくなれば、共働きができる環境となる。一家で二人が働けるようになれば、世帯所得は二倍の四〇〇万円となる。それを可処分所得という観点から見ると、三倍以上にもなる。そうなれば、ハイポイントの生活者の消費支出は拡大する。その結果、地域全体としての消費は増大し、経済活動も拡大・向上する。地域経済が良循環で回転を始めると、ここでの生活を希望して移住してくる人が増加し、住宅市場は売り手市場になり、取引価格は上昇する。つまり、住宅の資産価値は上昇に転じる。資産価値の上昇が明らかになると、その地域にある住宅を購入しようとする人も増大する。

ハイポイントではまた、居住者たちが食糧の自給率の向上を目指して、共同で生活に必要な農業指導を受けている。農業生産に関係した人たちが、生産物の交換をすることにより、食糧費をかけずに農産品を入手できる、サスティナブルな生活環境をつくっている。

一九九二年、オランダで始まったアグリカルチュラル・アーバニズムの運動は、先進工業国の未来を予測して、発展途上国の経済発展と人口増によって食料消費が拡大し、その結果、先進工業国

農業専門技術者の指導を受けて住民が経営する市民農園

への輸出が厳しくなる。そのような社会経済環境下で、生活の基本となる食の自給と安全は、都市経営の基本である。アグリカルチュラル・アーバニズムの考え方を、ハイポイントにおいても実践し、農業を都市経営に採り入れて、趣味の市民農園ではなく、専門的な指導者を導入した農業生産を居住者の手で実践した。

ＨＯＰＥⅥ計画として取り組んだ住宅地の開発計画は、兼用住宅や併存住宅など、住宅以外の用途の混合を認める住宅地（ミックスト・ユース）開発と、賃貸住宅、分譲住宅、貸間など、人びとのライフステージに対応した多様な住宅供給を認める住宅地（ミックスト・ハウジング）の原則を取り入れてつくられている。

ハイポイントでは、さまざまなライフステージにある、所得の多様な世帯が混合して生活するように計画されている。貧困な所帯には、自助努力によって自分たちの生活を高めることができる確信と展望がもてるよう計画が実践され、成功している。住宅地全体で、それぞれ努力目標に向けて生活を向上させる良循環をつくり上げた。

当然、この地域全体からの税収は年を追って増大し、過去にはブラックホールのように、国民の税金を環境改善政策の名のもとに吸い込んで衰退していた地域が、経済成長地域に変わっていった。開発計画を進める最初の段階では、公園を整備するなどシアトル市は土地購入費を含む巨額の財政支出を行い、開発の呼び水となる投資を行った。しかし、現在では住宅自体の資産価値が健全に上昇し、それにともなって固定資産税による収入が増え、シアトル市はそのときの財政投資分の資金を回収して余りある税収益を上げる良循環のスパイラルをつくり出し都市が成長している。

シアトル内で比較すると、割安な割に資産価値が着実に上昇しているため、この地区の住宅を取得しようと、多くの人びとが流入するようになっている。そのため、住宅の取引価格はゆっくりではあるが一貫して上昇し続けている。このことは、この地域で住宅を所有することにより、資産形成を実現できることを意味している。スラムの改良は、スラムクリアランスによるのではなく、地域として社会経済的に良循環するようなニュー・アーバニズムの仕組みをつくることしか、改善の途はないとＨＯＰＥ関係者は確信している。

第3章

日本の住宅

スクラップ・アンド・ビルドからの脱却

国土交通省が「中古住宅流通促進合理化ラウンドテーブル」をまとめた中に、日本では、国民は住宅を取得することで住宅資産の半分を失っている現実をはっきりと認めている。その原因が何によって起こっているかを報告書は説明していない。住宅政策が存在しているにもかかわらず、国民が住宅を取得することで資産を失っているとしたら、その状況を放置するわけにはいかない。

本章では、これまでに概観してきた欧米の住宅をモデルにしてきた日本が、どれほどそのモデルに近づけたのか、それとも近づけなかったのか、そのモデルとは一体何であったのかを明らかにしながら、日本の現実とその将来の方向を考えてみる。あらためて本書の目的である欧米の「ストックの住宅政策」と日本の「フローの住宅政策」との違いを比較研究する。

日本のモデルを考えると、明治維新から第二次世界大戦まで、戦後の連合軍による占領政策と日本国憲法を制定した後の朝鮮戦争勃発まで、そして朝鮮戦争後から日米安全保障条約下のベトナム戦争終結時代とそれ以降の時代、それぞれ基本的に別の歩みをしてきた。それにもかかわらず、日本がつねにモデルと考えていた欧米の住宅と、実際の欧米の住宅との間にどこか基本的なずれがあった。その結果が、住宅を取得することで資産を失っている日本の違いになって現れている。

欧米をモデルにしながら、まったく逆な結果になった違いが、なぜ生まれたのか。その一つが、日本と欧米の住宅環境の明らかな違いとして、土地と住宅とを「独立した不動産」として扱う日本に対し、欧米では「不可分一体の不動産」として扱う。住宅と都市問題を別の問題として扱う日本と、都市環境の一部として住宅を考える欧米との違いがある。

もう一つが、新規のフローの需要に応えるために住宅政策が偏り、住宅産業へ関心が集中し、生活者の居住環境を熟成させるストックの視点を大切にする欧米の都市計画の考え方が欠如していたことにある。

本章で、「欧米」と一くくりにしている理由は、こと住宅不動産や都市計画の扱いにおいて、欧米では基本的に、同じ「人文科学」として捉えて法律制度が作られている。一方、日本は、ものづくりの「建設工学」という考え方で取り扱っている違いを対比させるためである。欧米では、住宅不動産は基本的に土地と建物一体で、法定都市計画として決められた三次元空間に歴史軸を加えた四次元空間として維持管理し、計画修繕し、用途変更をしても半永久的に使い続ける空間と捉えているのに対し、日本では、三次元の立体空間を形成する「もの」として扱い、土地は不変の不動産、建築物は耐久消費財的不動産として捉えて、スクラップ・アンド・ビルドの対象と考えてきた。

明治以来、一・五世紀が経過して、住宅・建築・都市に対する日本人の考え方も変化し続けているが、社会・経済環境、法律制度や教育なども複雑に関係しているので、一朝一夕に変えることはできない。しかし、欧米をモデルとして、欧米が追及している「国民が住宅を所有することで幸せになる」方向に近づけることは十分可能である。本章では、過去から現在までの日本の住宅をめぐる取り組みや政策とあわせて、小規模な開発ではあるが、欧米のモデルを目指した意欲的な事例を紹介し、検討する。

1—明治維新からの第二次世界大戦までの日本

明治維新／近代化への途

明治の近代化による日本の国づくりは、まず不平等条約の改正を実現するために取り組まれた。「民法をもたぬ国は野蛮国で、そのような国との不平等条約の改正はできない。」といわれたことから、近代法の体系を整備するために、フランスからボアソナードを招聘《しょうへい》し、整備するかたわら、欧米の近代都市に匹敵する住宅・建築・都市をつくる能力を有する国家であることを示そうとした。

当時、欧米ではすべての近代国家のデザインとして、ルネサンス様式の建築を建てることが国を挙げて取り組まれ、パリのエコール・デ・ボザールでは、パラディオが著した『建築四書』を使ってルネサンス建築様式を学ぶことが組織的に行われた。日本国内では、ルネサンス様式の建築設計のできる建築家を養成するため、イギリスからジョサイア・コンドルを招いて、東京大学建築学科の教授として建築設計の教育に当たらせた。

また、日本の首都を欧米諸国に比較して遜色ないものとするため、岩倉使節団の調査報告を参考に、フランスに勝利したプロシャに学ぶべく、日本の大学教育制度、医学、都市計画・建築行政にドイツのシステムを取り入れ、ビスマルクの建築顧問であったエンデとベックマンを招聘して首都東京の都市計画を作成させた。都市計画と建築行政を学ぶために、内務省の職員がドイツに派遣され、ドイツの都市計画法や建築法を学び、その成果は大阪府建築取締規則に取り入れられ、大正九年に制定された都市計画法および市街地建築物法の規定になり、その後の日本の都市建築行政に定着、現在の建築基準法の道・採光、建築物の形態等の規定になっている。

建築・都市計画は、欧米では人文科学（ヒューマニテイ）として取り扱われ、建築家（アーキテクト）が都市計画を作成し、建築設計を担っていた。明治時代、日本には都市計画のできる建築家は育っていなかったので、西欧の都市建設技術（シビルエンジニアリング）を実施する技術者を国内で養成するべく、東京大学に土木工学科を設立した。このように、明治の初めは、欧米に倣い、歴史・文化軸を取り入れた四次元の都市空間づくりを、人文科学的方法で実施する取り組みが始まった。

しかし、一九二三年の関東大震災によって、多数の人命と財産が奪われたことに鑑み、当時、東京大学建築学科主任教授・佐野利器は、建築物を安全につくることこそ、地震国日本において最優先にされるべき技術教育と考えた。ノーベル賞候補にもなった東京大学物理学教授・長岡半太郎に物理学の理論を学び、それをもとに建築構造学の体系を構築した。そして、造家学会（現在の日本建築学会）を巻き込んで、「建築意匠か、建築構造耐力か」（「意匠・構造論争」といわれた）という二者択一の選択を迫り、建築教育をそれまでの人文科学系の意匠教育から自然科学系の構造安全中心の工学教育に転換するべき必要性を訴え、日本の建築教育の転換を行った。

欧米の学問体系であれば、建築構造もシビルエンジニアリングの中で扱われているので、日本でも土木工学に委ねることもできたはずであったが、佐野利器は「建築工学」という別の体系を創設した。その結果、その時以来、日本の土木工学と建築工学とは、欧米では同じ建設工学（シビルエンジニアリング）である学問体系が、全く別の工学体系として構成され、現在にまで続いている。

江戸・明治の住宅・都市の考え方

江戸時代までの日本人は、豊かな生活を実現するために、環境形成と環境管理に努力をしてきた。そのため、当時の欧米人が見ても、その生活空間は人間的で素晴らしいと評価されたのである。江戸東京は世界的に見ても、最大規模の都市であったにもかかわらず、エコロジカルなシステムを活用した、衛生的で進んだ都市経営システム(都市で発生した屎《し》尿を肥料として再利用)をもっていた。都市に生活する人びとが、主体性をもって自治管理するシステムがしっかりできていたため、防犯、治安、防火のような安全管理だけではなく、規矩《きく》術など木造建築技術の発展により、規格化、共通化などの技術的法則が働いて、建築物の高さや屋根勾配、建物の外観を形成する材料や構造が調和し、美しい街並みをつくっていた。

日本は明治の中期以降、富国強兵、殖産興業の政策によって人口の都市集中が問題になったときもあったが、戦前の日本では、中国に軍需産業の拠点を移したため、国内での産業公害問題は限定的で、北九州や京浜工業地帯など一部の工業都市を除き、都市化や公害問題に苦しむこともなく、都市は自然と調和した環境として穏やかに成長していった。

一般の勤労者階層の住宅は、物理的な品質や生活空間の貧しさの問題はあったが、安心して暮らせる環境を維持していた。資産家や公務員は退職後に家作をもち、その収入で老後の安定した生活を営むことが可能とされた社会であった。決して戦前を美化しているわけではないが、長屋生活(必ず大工、左官、建具師、畳職人等が入居するようにして、住まいの維持管理や修繕を行える体制をつくっていた）や郊外に造られた住宅地は、隣組などの互助組織や人間関係に支えられて、安全で助け合いの機能が働く地縁共同体を形成し、コミュニティは年を追って熟成した。

住宅を持つことは、財産をもつことで、個人信用の基礎であり、現在のように、住宅は経年劣化し、減価償却するとは、誰一人考えてもいなかった。日本の伝統木造は、江戸時代初期に確立したといわれる。木構造の設計・施工技術は、木材の製材技術と表裏の関係にあり、規《き》矩《く》術とともに標準化・規格化が進み、「段取八分に仕事二分」、現代でいう「生産性」の向上理論が実践され、高品質の住宅を適正価格で造ることで、大工・棟梁は当時の最も日の当たる産業を担っていた。

それは現在のように、土地の価格だけを評価するのではなく、住宅の価格（生産価格）が住宅不動産評価の主たる対象になっていた。住宅を単なる償却資産として、造って以後は劣化の一途をたどるものとしては捉えていなかった。日本においても、人びとの生活と対応して変化成長するものと理解され、造ったときから劣化し続けるものとは考えていなかったのである。大工や棟梁は、個人の資産をつくる仕事（職能）として、国民からも尊敬されていた。

2―連合軍の占領政策と朝鮮戦争勃発による転換

日本の終戦から住宅金融公庫の創設へ

ライトの設計による帝国ホテルは、完成直後に関東大震災に見舞われた。多くの建築物が破壊されたが、帝国ホテルはほとんど無傷に近かったため、帝国ホテルを完成させたアントニン・レイモンドはその功績を評価され、戦後、チェコの駐日本特別公使に任命された。レイモンドは大震災のとき、日本の木造市街地が火災にきわめて弱いことを知り、それを戦略に使うことをアメリカ政府に提案している。この提案はアメリカの対日戦略として受け入れられ、ネバダに木造市街地のモデルを造り、そこで焼夷弾の爆撃実験を行い、その成果が予想以上に大きいことが確かめられた。連合軍は、東京をはじめ全国二〇〇以上の大都市に焼夷弾を投下、約二三〇万戸が焼失し、約九七〇万人の人びとが市街地火災の被害を被った。

米軍の焼夷弾爆撃により都市の住宅は灰燼《かいじん》に帰し、戦後、住宅の絶対的不足が大きな問題となった。二三〇万戸もの都市住宅が焼失してしまったことから、産業労働者向け住宅の供給が最重点政策とされた。社宅を建設する資金を提供する政府の金融機関として、一九五〇年、住宅金融公庫が設立された。占領軍のもとで最初に取り組まれた住宅供給政策は、住宅金融公庫法を政府立法により創設し、産業労働者向け住宅を供給することであった。

社宅を供給する資金を政府が用意すれば、企業は社宅を建設し、後は労働者が働いた賃金を家賃として回収し、企業への社宅融資を償還するというシステムである。社宅を供給することができない企業のためには、地方公共団体に住宅公社を設立させ、そこに産業労働者向けの住宅資金を融資し、同様に返済するシステムが作られた。こうして実施された住宅供給は、当時のわが国にとっては産業復興の基礎であり、国全体にとっての住宅政策として位置づけられた。

イギリスに倣った住宅政策の顛末

建設省住宅局はすでに戦時中から、イギリスの住宅政策に関心をもち、戦後の住宅政策として、日本のモデルにすることを検討していた。住宅局の建設官僚は、終戦直後の内務省時代から、イギリスの住宅要覧を翻訳し、戦後の住宅政策のモデルとして学ぼうとしていた。

ドイツに破壊されたロンドンを筆頭に、大きな被害を被ったイギリスにとって、住宅問題は国民の最大関心事となっていた。その住宅問題を戦後政策の中心に据えたアトリー労働党内閣は、秩序ある首都ロンドンの戦後の復興と発展を考え、グリーンベルト政策とあわせて、ハワードが建設したレッチワースが都市開発のモデルとされ、ニュータウン公社という都市経営主体を設立して実施することを決めた。国民の家計支出の範囲で負担できる家賃の公営住宅政策を基本に据えた。労働党が採択したこれらの主要住宅都市政策を、内務省は日本においてモデルにすべき政策として考え、戦後設立された建設省において、首都圏の近郊緑地整備計画、公営住宅制度およびニュータウン政策として取り組まれた。

しかし、いずれの政策も当初の意図どおり進められず、急遽、イギリスから文献を取り寄せ、また建設省職員を派遣するなどして情報収集に努め、イギリスに倣った政策の実践に努めた。

しかし、近郊緑地整備計画は、経済復興が優先された結果、都市成長をコントロールできず、大都市近況の緑地は産業活動により虫食い状態にされ実現できなかった。その結果、都市のスプロール化を招き、日本の産業発展が軌道に乗り、都市化が一挙に進んだ一九六八年に、新・都市計画法にその清算を求められた。

次に、公営住宅制度は国家が国民の健康で文化的な住生活を保障する憲法の前提の下で、地方自治体が賃貸住宅の供給主体になる考え方を法律化したものであったが、中央政府だけではなく、地方公共団体の財政力からも拡大することに限界があった。また、経済の広域的な成長政策が地方公共団体単位の公営住宅政策と対立し、大都市圏ごとの住宅供給を行う日本住宅公団の設立となった。

さらに、ニュータウン政策に関しては、住宅の量的供給というフローの政策の枠を超えられず、日本に都市経営という概念を受け入れる素地そのものがなく、結果的に、大量の政府施策住宅を建設する宅地開発事業としてしか受け入れられなかった。いずれの政策も、ものづくりとして取り組むことがやっとで、国民の生活文化を育むというレベルに達することはできなかった。

国民の住宅費負担の原則

公営住宅の財政負担に対しては、国民の負担できる家賃水準にするため、住宅国庫補助金を交付し、その残額を家賃として地方公共団体が回収する制度がつくられた。当時の国民の家賃の適正水準は、ドイツ人の統計学者シュワーベが提唱していた「シュワーベの法則」(住居費負担能力は所

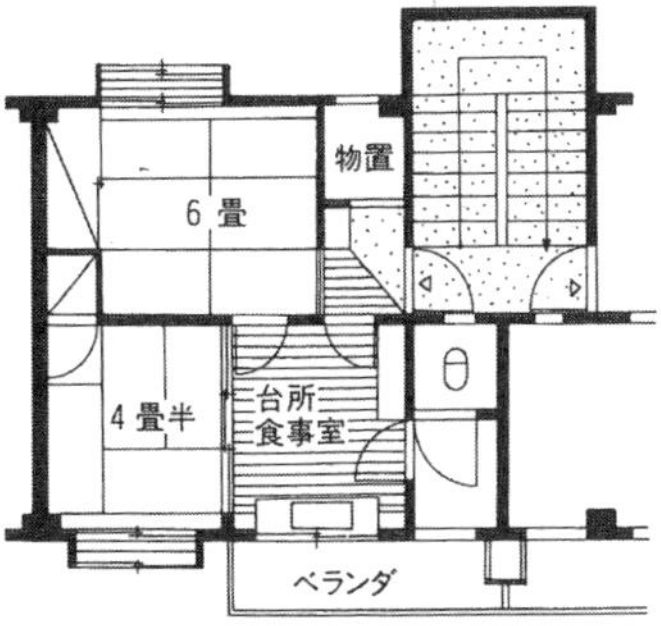

公営住宅標準設計「51C 型」（1951 年）
51-4N-2DK-1 型　41.97m²

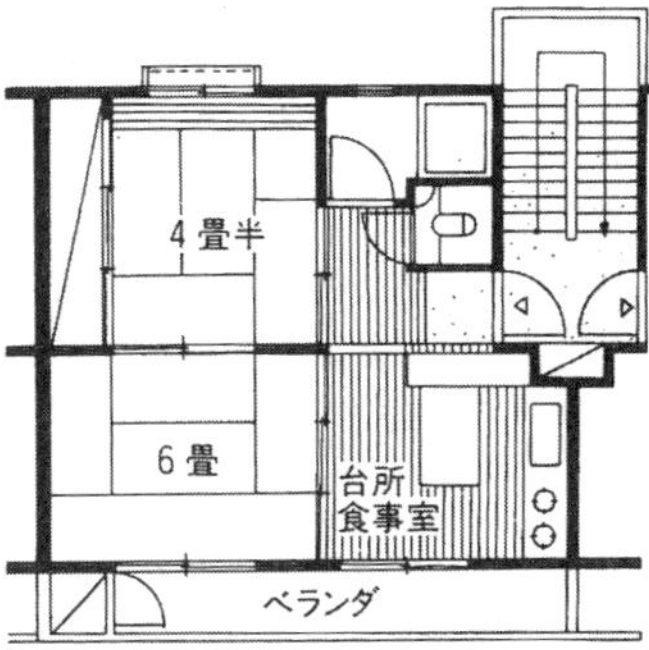

公団住宅
住宅公団の賃貸住宅の一例（1959 年）
2DK（住居専有面積 35.04m², バルコニー面積 6.08m²）

得に比例し、所得が高いほど大きくなる。エンゲル係数とは逆の考え方で、「家計支出では、食費支出が優先し、残りは住居費に向けられる。」）が西欧でも一般的に採用されていたことから、わが国でもそれに倣って実情調査が行われた結果、支払い能力の限度として家計支出の二〇パーセントと定められた。

戦後の公営住宅の床面積は一三坪を上限とし、当面九坪と定められ、政府が標準設計を作成した。公営住宅の標準設計は、日本建築家協会に対し建設省住宅局が設計を委託し、政府の予算計上する標準建設費で収まるように、建築の詳細部分の修正は住宅局住宅建設課で行われた。標準設計の名称は、作成予算年度（下二桁）に、住宅面積をアルファベットを付けて表示した（一三坪をAとし，それより一坪下げるごとにB，C，Dという名称を付けた）。人気のあった標準設計でその後、日本住宅公団の二DKのモデルになったものが、五一C，五一Dである。

国庫で建設費の二分の一または、三分の二を負担し、その残りは地方公共団体が事業主体となって負担するが、その負担分は全額家賃で回収することができる制度として作られた。当時の地方公共団体発行の債権金利は六パーセントとであったことから、家賃は二パーセントとまたは三パーセントの元利均等償還で計算された。全国どこの地域でも、家計費支出の範囲で適正負担額の住宅を供給できる制度が、公営住宅制度として占領政策時代の一九五一年に始められた。

戦災で木造市街地が消失した苦い経験に懲りて、不燃化住宅が積極的に取り組まれた。アメリカからコンクリートブロックの建築構造工法が導入され、防災不燃都市の建設を彼岸に、建築基準法の制定に合わせて、コンクリートブロック造(組積造および補強コンクリートブロック造)および鉄筋コンクリート構造建築物は、簡易耐火建築物および耐火建築物法として法定化された。

しかし、団地開発される公営住宅では,「一団地の住宅施設」により延焼防止可能な計画ができるとされ、耐火建築物や簡易耐火建築物ではなく、耐火構造や簡易耐火構造という延焼の危険性を配慮しなくてよい防火戸を設置しない構造の標準設計が開発された。そして、簡易耐火構造平屋建(簡平)と簡易耐火構造二階建(簡二)および鉄筋コンクリート造という三種類の公営住宅の標準設計が、木造のほかに用意された。いずれの住宅も、家賃としては同額とする、現在の西欧の「社会住宅」と同じ考えの家賃制度が導入された。その結果、構造材料に関係なく家賃を同じにするため、地方が負担する国庫補助金の違いを、家賃の返済期間で調整する方法が採用された。

3 ― 公営住宅制度と減価償却理論

公営住宅における家賃制度と減価償却方式

大蔵省の資料請求に応えて提出され、戦争直後に建設された「越冬住宅」は、二〇年程度で物理的に利用不可能になるという調査結果であったが、大蔵省が考えていた木造住宅の家賃計算上の償還年数とほぼ合致することから、無条件で採用された。それに倣って計算すると、簡平・三五年、簡二・四五年、鉄筋コンクリート造・七〇年が、それぞれの家賃計算をするための償還期限として決められた。

公営住宅法は占領下の一九五一年に立法され、イギリスの公営住宅に倣った制度として作られたため、占領軍は欧米の「土地と住宅は不可分一体の住宅不動産」という考え方に立って家賃制度を計画した。建築物は適正な維持管理と計画的修繕を行うことにより、土地と一体で半永久的に利用されることを前提にしていたが、家賃計算の便法としては、建設工事費から国庫補助金を差し引いた残高を家賃額として、借入金の償却期限で元利均等償還により回収する考え方に立つ家賃計算(減価償却)方式で作られた。減価償却はもっぱらリースホールドによる住宅の家賃計算の方法であった。

ここで減価償却と定めたものは、地方公共団体の負担分を家賃として回収するという意味の減価償却であって、「物理的に住宅資産の価値が償却する」ものではなかった。これは道路や橋梁と同じ考え方で、当時の日本だけでなく、世界のほとんど全ての国で、構造材料のいかんにかかわらず、計画的に修繕がなされ、健全な維持管理をする住宅は、恒久的に利用できるとするもので、土木構造物と共通している。

ところが、一九五九年の公営住宅法の改正時に、大蔵省により大きな考え方の転換が導入された。この改正に当たり大蔵省は、民法規定(第八七条)を持ち出し、土地と住宅とは独立した不動産であり、住宅は「家賃として地方公共団体の負担分は回収する」が、土地部分は地方公共団体の財産であり、地方公共団体の財産取得に国庫補助金を交付するわけにはいかないという理由から、土地買収費に対する国庫補助金を打ち切り、家賃計算上の地代相当額に対する国庫補助に変更させられることになった。

イギリスのニュータウン制度は、ガーデンシティ経営に倣ったリースホールドによる住宅地経営であって、単純な借家経営ではない。土地と住宅を一体の住宅不動産とすることで始められた、イギリスのリースホールド制度に倣った公営住宅は、リースホールドとしての住宅地経営は行われず、単なる借家経営として行われた。大蔵省は、日本の公営住宅管理の実像に合わせて、土地と建物を別の不動産として扱うこととなった。この家賃の考え方の変更によって、住宅不動産の経営管理の基本が大きく変更になったにもかかわらず、その重要性が議論されることもなかった。

この一九五九年の公営住宅法改正の結果、その後、会計法・税法上の扱いではなく、借家経営論的な考え方を補強する建築工学上の理論であるかのような「住宅建築物の減価償却理論」が、一人歩きを始めることになった。住宅の減価償却論は、家賃計算上の便法から始まったもので、科学的な根拠はまったくないにもかかわらず、中古住宅の価格下落を正当化する根拠として使われている。

日本の公営住宅制度は、イギリスの公営住宅とニュータウンをモデルにしたが、イギリスのリースホールド制度によるものではなかった。イギリスの公営住宅制度は、サッチャー内閣のとき、公営住宅の払い下げによりフリーホールドになったが、この払い下げにより、イギリス政府は公営住宅の売却益を得るとともに、その払い下げを受けた公営住宅の居住者は、行き届いた住環境管理により、住宅取得で大きなキャピタルゲイン（資産価値増）を得ることになった。

数年前、アメリカ・ネバダ州のラスベガスで、大学教授らが住んでいた住宅を何軒も訪問調査したことがあった。いずれも戦後建設された住宅で、建設当初は粗末な材料で作られていたが、既存住宅に必要なリモデリングが繰り返されて、悪くいえば、「継ぎ足しだらけの既存住宅」であったが、見方によれば、「個性豊かな住宅」に改良されていた。その市場取引価格を聞いたところ、いずれも現時点での新築住宅以上の価格で取引されているという説明であった。住宅地の環境管理経営により、経年しても住宅需要者の対象になるように愛情をもって住み続けられることが、住宅にとって最も重要なことである。その住宅の価値は、推定再建築費として評価されていた。

ニュータウン政策と公営住宅

イギリスの戦後の住宅政策として、公営住宅と並んでもう一つの大きな取り組みは、ハワードのガーデンシティの理論をニュータウンとして実践することであった。イギリスで取り組まれたニュータウン開発は、ハワードのガーデンシティそのものを実践しようとするもので、ニュータウン公社を都市経営主体として定め、資産形成のできる住宅地経営を始めることになった。

イギリスが最初に本格的に取り組んだニュータウンは、ハーロー・ニュータウンであった。日本では、ハーロー・ニュータウンと規模としても類似する土地を大阪府千里丘陵に求め、そこで住宅地開発として、ハーローと同じ道路パターンと近隣住区理論に基づく土地利用計画を作成した。

千里におけるニュータウン開発は、道路パターンと住区構成においてハーローを真似て、公園と学校と近隣店舗計画と一体的に行われた。大阪府企業局の行った千里ニュータウンは、宅地開発事業者としてその役割を終え、地方公共団体、地方住宅公社、日本住宅公団がそれぞれ賃貸住宅経営を行うもので、ニュータウン全体として学校や商店街等を一元的に経営するものではなかった。そのため、住宅供給と利便施設や学校教育施設とはばらばらで、計画的に整備されることはなかった。また賃貸住宅の供給も、それぞれの事業主体の計画に従って実施するもので、千里ニュータウンとして一元的な計画に基づいて行うものではなかった。

近隣住区計画として計画された一団地の住宅施設は、あくまでも都市計画法に基づくものづくりの計画決定で、ニュータウン事業としての経営計画によって担保されているものではなかった。結論から言えば、住宅供給計画どおりに建設するために千里ニュータウンが開発されただけで、イギリスのニュータウンと同じ性格をもった自治組織としてつくられ、経営されたわけではなかった。

イギリスの住宅政策の技術移転と日本の「一団地の住宅施設」

一九五〇年に建築基準法が制定されたとき、アメリカのＰＵＤ（Planned Unit Development）の制度が導入された。「五〇戸以上の住宅が一団地を形成する」開発の場合、「一団地の住宅施設」

を都市計画決定すれば、建築基準法の集団規定（アメリカの「Subdivision Control」）の適用は行われない扱いが、イギリスやアメリカの都市計画理論に基づくものとして、建築基準法の制定に合わせた関連改正で都市計画法に取り入れられた。建設省でも「一団地の住宅施設」の都市計画決定は、最も進んだ街づくりを行う都市計画の実践と考えられていた。

公共住宅団地は、建築基準法第三章規定の適用除外を受けるために、ほとんど例外なく「一団地の住宅施設」の都市計画決定の手続きをして実践されていた。この手続きは、都市計画決定を行う段階で、建築設計指針を土地利用計画と一体的に決定し、建築基準法行政では、都市計画決定された建築設計指針に沿って建築基準法第八六条の規定を根拠に確認事務が行われる制度である。

アメリカでは、ゾーニングコード（都市計画法）一本で一団地住宅施設の都市計画決定を行い、そこでは強制権が付与されている民事契約CC&RS（Covenant Conditions and Restriction）に基づいて住宅地経営が行われることになる。複数の住宅が供給される一団地のことを、ユニット（Unit）と英語では呼んでいる。近隣住区（Neighborhood Unit）のユニットと同じ用語である。都市計画決定された「一団地の住宅施設」は、それ全体が有機的に計画されるとともに、土地を所有する人たちが自治団体（HOA：Home Owners Association）を結成し、自治的に経営管理されることで、その全体が都市施設と見なされる。

日本の「一団地の住宅施設」は、都市計画法上は英米に倣ったとされながら、英米のような住宅地経営の行われる都市施設ではなく、開発業者に建築基準法第三章規定の適用を免除し、開発計画上の便宜を供与することで、「フローとしての行政」手段にしかなっていない。許認可権限を行使してしまった後は、住宅地経営自体が存在しないため、許認可後の一団地に対し行政権限は事実上及ばず、都市計画行政も住宅行政も、そこに立っている住宅の資産価値への関心は皆無と考えている。都市計画決定した内容の都市経営の主体は存在せず、一般都市行政に委ねられる。

日本の「一団地の住宅施設」のモデルは、イギリスのガーデンシティによる住宅地経営である。この住宅地経営の目的は、一団地に建てられた住宅が、資産価値を将来にわたって維持向上する経営を目的としている。日本では一九七一年より、法律によらず行政運用で「一団地の住宅施設」の都市計画決定まで廃止し、そこでの集団規定の適用まで免除させたのである。

ニュータウン開発の比較検討

日本と英米との比較検討をするため、千里ニュータウンが開発された当時の経緯と、日本でのニュータウン開発を始めた当時の様子を調べ、ハーロー・ニュータウンを訪問した。調査したイギリスの公営住宅は、日本の公営住宅の延長線上のものとはまったく別の、居住者の生活要求の変化に対応しながら、経年して築かれた文化の熟成した住宅地であった。その公営住宅はすでに居住者に払い下げられていたが、建設当時の住宅が大切にされ、多様なライフステージをもつ世帯が、払い下げられた住宅のキャピタルゲインを手にして高い満足を得て生活していた。

まず、居住者を満足させている条件は、その住宅が居住者の資産形成に大きく貢献していることであった。住宅所有者にとって、所有する住宅が市場で高い需要に支えられ、資産価値が上昇する結果、住宅は自らの生活を豊かにするとともに、他人からも居住したいと憧れられるような住宅として維持することが、高い価格で取引される条件と認識していた。住宅所有者は、住宅地経営のルールと指導に従い、維持管理費用は資産への投資と考えられ、豊かさを享受できるリモデリングが繰り返されていた。イギリスでもアメリカ同様、住宅の不動産評価額が既存住宅の取引価格の基準となっているだけではなく、固定資産税の評価であり、金融機関の融資担保評価となっている。

居住者に払い下げられた公営住宅の外観を見ればわかるとおり、すべての住宅はすでに複層ガラスに取り換えられ、建設当時とは違った気密・断熱環境に改善されていて、快適環境を享受できているることが容易に推察できた。それぞれの生活者がニーズに合わせて思い思いにリモデリングしており、自宅の庭ではイングリッシュガーデンを楽しみ、緑豊かな生活空間がつくられている。住宅所有者はいつでも、購入価格以上の価格で処分することのできる「市場性の高い住宅」に維持管理されていた。

日本住宅公団の設立の背景と目的

米軍の極東戦略の拡大の結果、一九七五年のベトナム戦争終結まで日本経済は発展し、大都市における住宅は圧倒的に売り手市場となり、住宅難が年とともに深刻化していった。大都市の土地は、産業・業務用の需要が優先され、住宅は「遠・高・狭」といわれ、一般的に入手困難になっていた。

その結果、公営住宅の供給も行き詰まり、地方自治の原則に反して、常住地と就業地の相違する供給をしなければならなくなっていた。そこで都道府県の枠を超えて、大都市圏での住宅供給に転換する方策として、一九五五年、政府提案立法として日本住宅公団法が設立された。

日本住宅公団の最重点事業は、新産業都市や工業特別地域整備における特定分譲住宅という社宅の供給であり、次に大都市圏での所得水準を考え、公営住宅の所得階層より上の階層を対象に、常住地と就業地が対応しない公営住宅を補完する形で取り組まれた。公団住宅は基本的に、鉄筋コンクリート造共同住宅による一団地の住宅施設として供給された。

公営住宅で実績を積んだ標準設計を、新たに浴室付きの２ＤＫ・３ＤＫという新しいライフスタイルに合わせた日本住宅公団の標準設計住宅として開発するとともに、その品質を高めてコストを引き下げるため、住宅部品の標準化にまで発展させた。その当時、「高嶺の花」とされていたスチールドアとシリンダー錠、スチールサッシュ、木製フラッシュドア、熔化生地の衛生陶器、ステンレス流し台、換気扇、集合郵便受け、エレベーターなどを「公共住宅用規格部品（ＫＪ）」として指定し、必要とされる住宅部品の開発をするとともに、部品の仕様と価格まで企業と折衝して決定し、公共住宅の品質の向上をコストカットを進めながら一挙に実現した。

日本の公営住宅

公営住宅制度は、日本国憲法の主権在民の考え方と地方自治の考え方に立ち、イギリスの住宅政策に真似て、建設省住宅局の主導により実現しようとしたものであった。建設省住宅局で公営住宅制度として取りまとめた法律案を、占領軍が支援して実際の住宅政策として実施し、占領下で実施された歴史的事実は、戦後の日本の住宅政策を考えるうえで非常に興味深いことである。

戦後六〇年経ち、建設省がモデルにしたハーロー・ニュータウンを訪問・視察し、サッチャー政権が実施した公営住宅の払い下げによるイギリスの公営住宅の実際を日本の公営住宅と比較すると、その差の大きさをいやというほど見せつけられ、モデルとまったく違ってしまった理由は何かと考えさせられる。その最大の違いは、日本では次々に建て替えの対象になっている公営住宅が、イギリスでは、払い下げを受けた住宅が、国民の資産形成を実現していることである。

日本の公営住宅も、家賃には維持管理費も計画修繕費も含まれて徴収され、イギリス同様の公営住宅管理が実施されてきた。それなのに実際に存在する日本の公営住宅は、基本的に衰退し、空き家が生まれ、建て替えの対象になり、国民にとって憧れの住宅地に育っていない。公営住宅の居住者も管理者も、いずれも公営住宅を応急仮設住宅と同様、近い将来には建て替えの対象とされるべきもので、自分たちの宝と考えて大切に維持管理しようと考えられていない。

ハーロー・ニュータウンに倣って造られた千里ニュータウンはもとより、その後開発された三〇〇〇ヘクタールの規模を誇る多摩ニュータウンは、都

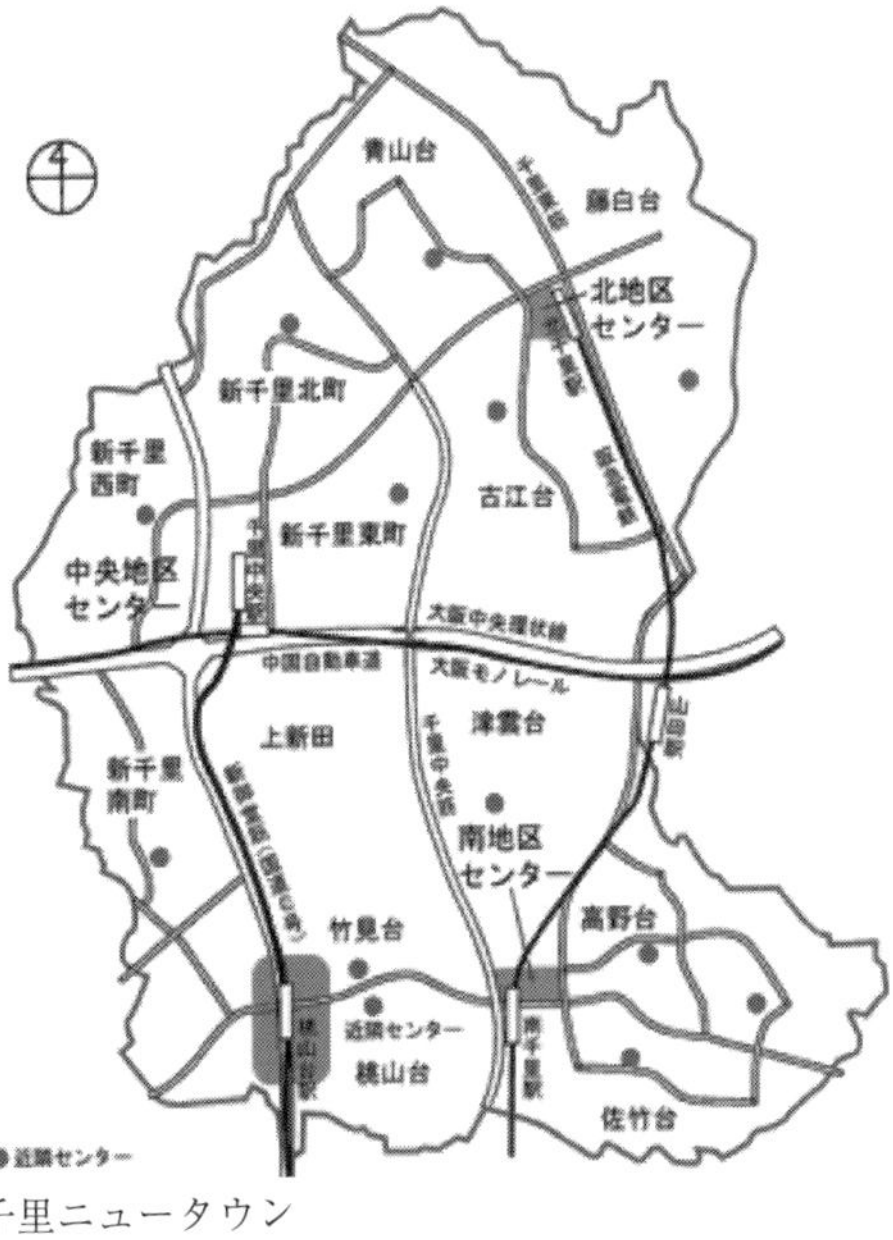

千里ニュータウン

市の基本構造が何度も造り替えられ、小中学校が閉鎖・廃校となり、シャッター街が多数生まれた。それはモータライゼーションのためではない。イギリスのニュータウンのモデルになったレッチワース・ガーデンシティの場合、徒歩での生活が基本になっていた時代に建設された住宅地であるが、現在なお資産価値が急騰し続けている。自動車利用を中心に計画したかどうかは、住宅地の資産価値の向上に直接関係しないという証拠である。住宅地も自動車対応が必要であれば、道路問題も含め、その利用ニーズに合わせて改良すればよいだけのことである。

しかし、日本のニュータウンで起きていることは、都市を居住者の生活要求に合わせて改善するのではなく、その逆で、地価の上昇分の利益を手に入れようと、スクラップ・アンド・ビルドを行うことで経済的利益を追求しようとするフローの住宅政策が行われている。

フローの政策とストックの政策

バブル経済が崩壊して地価が下落した分を回復するに足る土地利用の容積率が認められ、都市空間はスカイライン自体が変化するほどに変えられた。その結果、床面積も増え、居住者も増え、事業税も固定資産税、住民税、法人税も拡大した。スクラップ・アンド・ビルドによる住宅都市政策により、フローの利益は一挙に拡大した。再開発事業者や土地所有者、公共団体など、フローに関係する利益総額は拡大したが、住宅ストックは建設廃棄物としてマイナスの資産となり、国民に大きな負債を背負わせることになる。

スクラップされた既存住宅と比較して、新規に建てられた再開発住宅の総資産価値が大きいからといって、国民が豊かになったわけではない。その資産増分は、以前に比較してはるかに多くの人が住宅ローンを組んで購入しただけで、ローン債務を償還するまでは、負債返済のため、生活は圧迫されるとともに、取り壊された既存住宅の価値はゼロ以下に、取り壊し費用分の損失が生まれている。大きくなった事業費は、事業関係者の利益を拡大し、裾野の広い住宅産業を経済的に潤してきたことは事実である。

住宅を保有することで、国民が豊かになり幸せになるはずが、戦後の半世紀、政府が全力を挙げて造ってきた公共住宅団地では、都市が衰退し、憲法第二九条で保障された私有財産権が蹂躙《じゅうりん》されている。その理由はまず、居住者の生活を中心に考える「ストックの政策」が存在しないことにある。居住者が満足できる住宅で、売り手市場であり続けるストックの住宅政策が行われていれば、市場に流通し続けるからである。それができないのは、住宅を所有している国民の資産の観点から住宅政策が取り組まれていないことにある。

次に、住宅を工学的に「ものづくり」の対象としてしか捉えず、高品質のものを造ることで、住宅の供給に関係する設計者、施工者、宅地建物取引業者の利益を高めることができると考え、フローの経済（ＧＤＰ）を最大にする政策が、国の政策になっているためである。

住宅政策を欧米のように、人間の生活文化空間という人文科学的な捉え方ができていないことにある。それは戦後の戦災復興から、一貫して産業政策のための住宅供給であり、国民に豊かな生活を営むための環境づくりとして住宅を供給してこなかったためである。産業復興を追求する住宅政策は、鳩山内閣時代「戸数主義」と揶揄《やゆ》されたとおり、戸数の充足が第一で、国民の生活は住宅政策の対象にされてこなかった。

「遠・高・狭」住宅の衰退

「遠・高・狭」といわれた住宅だが、当時の住宅供給としてはやむ得えないと思わされていたが、このように「人びとの住環境にしわ寄せをする住宅政策がなぜ罷《まか》り通ったのか」という基本原因に立ち返って考えると、やはり、戸数主義に象徴されているとおり、雨露を凌《しの》ぐことさえできればよい、とする産業優先の住宅供給という間違ったものづくりの考え方が支配し、豊かなコミュニティの育成を考えることがなかったためである。

近隣住区論で住宅団地が計画されていても、常住地と就業地が離れ、「遠・高・狭」の住宅条件では、近隣での生活時間そのものが持てず、自宅で接客するといった日本の伝統的な生活環境が破壊されてしまっていた。一九六〇年代から七〇年代にかけて働き盛りの人たちが生活した団地は、子どもが巣立つとともに老人だけが住む町になっていった。そこに住む人がいなければ、住宅の取引は途絶え、住宅の資産価値は下落し続けることになる。産業活動に従事する一世代だけが生活した住宅であって、そこで何世代も住み続ける住宅地として、造られても経営されてもいない。自分が所有している住宅を市場で売却しようとした場合、「値下がり」という大きな損失を受け入れない限り、既存住宅を中古住宅市場で売却することはできない。

それではなぜ、欧米の住宅地は、日本のような衰退現象をたどらないのか。イギリスやアメリカ、オランダの住宅地は、人びとの巨大な資産を投入した住宅地であるという前提の下で、個人はもとより、国を挙げてその住宅の資産価値を維持向上するための取り組みをしている。地方公共団体にとっては、より所得の高い住民が住んでくれることが、地方財政の最大の財源となる。資本主義国のダイナモともいうべき金融機関にとっては、住宅の資産価値が上昇し続けることは、その資産を担保に金融を拡大できることであり、経済活動を活性化することである。住宅の資産価値が上昇し続ける「恒産」をもつことは、「恒産無ければ恒心無し」という中国の諺《ことわざ》通り、国民が安心して穏やかな生活を営む環境が存在することでもある。その経済的な仕組みを支えているのが、住宅の価値に見合った金融制度（モーゲージ）と不動産鑑定評価制度（アプレイザル）である。

憲法第二九条に規定されている「私有財産の保障」をいかに守ることができるかは、基本的な住宅政策の課題である。欧米が取り組んでいる住宅・都市政策は、住宅を所有し、居住している人びとの「ストックの住宅」を大切にすること、国民の購入できる住宅を家計支出の範囲（年収の三倍以下）で支払える価格でつくることに、住宅政策の基本が置かれている。

スクラップ・アンド・ビルド

日本の住宅政策は、経済復興を柱に産業労働者向け住宅と公営住宅を中心に供給する時代を経て、戸数の上では住宅余剰時代へと移行していく。石炭から石油へのエネルギー政策の転換と、米以外の農産品輸入を受け入れる農業の構造改善政策によって、国家経済が大混乱に陥った。事実、炭鉱の閉山と農業構造改善によって膨大な失業者が生み出され、それが日本の都市における住宅問題を混乱させたといえる。

日本が一〇パーセント以上の高度経済成長を一〇年以上にわたって継続できた理由は、炭鉱と農業からの失業者の継続的な大量供給が行われたからである。一方、失業者の都市集中を引き起こし、木賃（粗悪な木造賃貸住宅）や文化住宅（長屋形式の建売分譲住宅）が短期間で都市周辺を埋め尽くし、都市環境を悪化させていった。その状態は「スプロール現象」と呼ばれ、すべての大都市圏に広がっていった。そこで、イギリスの農村都市計画法をモデルに、日本の都市計画法を新しく作ることになった。

建設省都市局は、イギリスに職員を研修に出す一方、イギリスの事情に明るい職員を都市計画課に集め、イギリスの都市農村計画法を下敷きに、日本の都市計画法を作成することになった。取りまとめられた都市計画法案は、都市を既成市街地と計画的に都市化をする「市街化区域」と、農村環境を保全する地区と計画的な開発をする「市街化調整区域」とに分割し、すべての開発は開発許可を受けないと実施できないことにした。これはイギリスの計画許可制度をそのまま導入したものであった。

欧米では、土地利用計画に合わせて土地を加工する計画を計画許可として行い、住宅や建築物は土地と一体的に公的な不動産としてつくられる。しかし、日本では土木が宅地開発を行い、その造成地の上で償却資産としての建築物を建築確認してつくるという考えが、民法と一体になって一般化していた。行政上も宅地開発は土木行政が行い、建築物は建築行政が行うという線引きが行われてきた。

土地と建築物を一体的な不動産と扱う新都市計画法は、都市計画行政が建築基準法第三章行政を吸収するため、住宅局が反対した。都市計画法は、国として都市の混乱を糺《ただ》すために実現を公表した政策であったため、後退することはできず、日本と欧米の不動産に関する考え方の整理を行う余裕がないまま、結果的には都市計画法案の「建築物」という用語を「予定建築物」に書き改め、旧都市計画法と宅地造成法を合体させた法律としてまとめられ、建築物はそれまでと同様、建築基準法で対応することになった。

その状況を現時点で振り返ると、行政上、都市計画を人文科学的な空間と考え取り扱う機会を失い、都市も建築も、ものづくりとして工学の枠内で扱われた。土地は恒久的に変わらないもの、住宅や建築物は償却資産としてスクラップ・アンド・ビルドの対象として扱う、土地と建築物を別に扱う日本特有の考え方が、都市計画法の制定により定着させられたといえる。

新都市計画法では、土地の区画形質の変更を行う土木工事業者による開発行為と、開発された土地に建築物を建設する建築工事業者による建築行為に大別された。そのうえ、建築工事業者が行う建築行為に開発行為が含まれても、それは建築行為として建築基準法行政に委ねられ、都市計画行政の対象にしない扱いが行われるようになり、都市計画行政は骨抜きになってきた。

さらに悪いことには、日本の都市計画は土木工学や都市工学といった一過性の施設計画とされ、建築物は供給された宅地の上に自由に建築できる不動産であるという考え方が確立してしまったことである。都市計画決定された土地利用は、そこに建築される建築物を含み、国家による計画高権として、その空間利用が保証されたものとする欧米の考え方はまったく技術移転されなかった。つまり、国民が総意として都市計画決定した都市環境を、世代を超えてつくり上げていくことがなおざりにされ、スクラップ・アンド・ビルドを繰り返す都市づくりの道を選んでしまった。

約半世紀前、建築審議会の議論が一段落した雑談の場で、当時日本の都市計画学の権威であった高山栄華東京大学教授が「どうして欧米では都市計画に沿って街が作られるのに、日本では既成事実の追認の形で都市計画が後追いをさせられるのか」という率直な疑問を提起されていたことを忘れることができない。

日本は欧米の都市計画技術を取り入れることを熱心に行ってきたが、肝心の人間の生活にとって重要な都市を、歴史文化の集積として、過去・現在・未来という歴史軸の上で法定都市計画を立案し、それを実現するという近代都市計画理論に立って都市をつくることを学ばず、場当たり的に経済優先の結論に合わせ、都合のよいものをスクラップ・アンド・ビルドすればよいという拙速的な方法をとってきた。それが日本人の住宅都市に対する「フローの住宅・都市政策」の行動形態であり、経済的な利益追求を優先してきた「戦後の日本」の姿がそこにある。

4―住宅産業政策時代の考え方

住宅建設計画法の時代

産業復興用の住宅供給が一段落すると、住宅ローンの返済期間を世界最長の三五年に延長して、個人住宅という持ち家中心の住宅政策に重点が移っていった。住宅余剰時代を迎え、「居住水準の向上」を目標に掲げた政策が、住宅建設計画法であった。所得が上昇し、インフレが更新、住宅ローンは経年するとともに目減りし、その実質的負担は急速に緩和していった。その結果、居住水準の向上に向けて住宅の建て替えが促進され、住宅価格は所得の三倍から、どんどん上昇し、所得の五倍を超え、バブル経済が成長した一九九六年には八倍から一〇倍にまで拡大した。

政府は居住水準に沿った住宅の建て替えと、住宅金融公庫による性能向上にともなう割り増し融資によって、「量から質へ」の住宅政策を推進した。住宅の居住水準と住宅性能が高いことは、住宅の品質の一つである性能が優れていることであっても、住宅自体の価値が高いことを意味するものではない。しかし、住宅性能表示制度はそれが住宅の価値自体が高いことを表示することのように説明され、「差別化」と呼ばれる住宅営業戦略が導入された。

住宅建設業は、建設業法に基づく建設製造業である。注文住宅の販売価格は、建設業法上は請負価格として締結することが、建設業法上に定められている。その請負価格は、住宅の価値に対応するものとして、材料費と建設労務費を基本に、建設に関係する諸経費（約二〇パーセント）を加算して決めるべきことが定められている。しかし、その住宅の工事請負価格に、広告・宣伝、営業・販売経費を入れて、全体の費用を住宅価格として販売する方法が登場することになった。

日本の住宅産業が行った住宅建設工事の請負価格は、政府が一九六〇年代に現場生産に携わる建設労働者の払底を理由に、アメリカで取り組まれていたOBT（Operation Break Through）に倣い、住宅産業を工場生産方式に転換し、建設省と通産省とが住宅会社の経営保証を行い、またハウスメーカーの工場設備投資に、長期低利融資と割り増し償却を適用することにより支援誘導した。その結果が、住宅建設業を「住宅サービス業」として組み替えることであった。

その業務は、建設業法上の「製造業」と流通販売という「サービス業」とを一体化したもので、以下の四部門（広告宣伝・営業・販売・施工）を一貫して生産販売するシステムである。その全体システム産業を「住宅サービス業」と呼び、産業全体でかかった費用を住宅販売価格として回収する方法が、大手ハウスメーカーの経営方法として作成され、四業務はほぼ同じ業務規模で形成されている。前二部門がサービス業部門で、後二部門が製造業部門である。サービス業部門は、住宅の価値創造にはまったく貢献していない経費負担増部門である。

(1)本社業務：住宅会社の本社において、営業に適した商品企画を立て、広告宣伝するとともに、住宅サービス業としてのシステムの管理を行う。

(2)営業業務：住宅営業市場ごとにモデルホームを使い、大量の販売員を使って営業販売を行い、金融手続きをして、最終的な成約に持ち込む。

(3)製造業務：自社工場による構造材料の生産供給と、ＯＥＭ（Original Equipment Manufacture）による材料と住宅設備を供給する。

(4)施工業務：住宅会社ごとの専門工事部隊（下請工事業者）による工業部品の組立てを、会社ごとの生産システムに沿って、高い生産性をもって行う。

住宅サービス業と位置づけられ、償却資産として扱われた住宅

「住宅サービス業」の住宅価格設定システムの問題は、住宅購入者と住宅サービス業者との間で、建設業法上の工事請負契約を締結する際、大手ハウスメーカーの場合、工事請負代金である販売価格の約六〇パーセントを広告・宣伝、営業・販売経費が占めていることである。建設業法上の請負工事代金とは、材料費、建設労務費および必要諸経費である。そこには広告・宣伝、営業・販売経費は算入してはならないことになっているが、「住宅サービス業」であれば算入してもよいとして契約されている。

これは、「住宅の価格は住宅の価値を表示する」経済学の一般原則に反して、住宅価格に広告・宣伝、営業・販売経費が加算されているため、住宅会社が定めた住宅販売価格では、一般の住宅市場で流通させることは不可能になってしまった。住宅会社が広告・宣伝、営業・販売経費を掛けても売却できなかった住宅は、「新中古住宅」と呼ばれ、その住宅を使用したことがなくても、半額程度に価格を切り下げなければ売れない現象が一般化した。

わかりやすく言えば、「中古住宅」も「新中古住宅」も、その住宅を販売するための広告・宣伝、営業・販売経費を使ってしまって、販売準備のできない住宅のことを指している。経済学的に言え

ば、住宅自体の価値と流通販売に必要な経費とは、そもそも区別して扱うべきものである。にもかかわらず、大手ハウスメーカーは住宅の商品企画から営業販売、材料の製造、住宅の施工までを一貫したシステムとして行うために、システム全体にかかった費用を住宅建設価格とし、建設業法上の工事請負代金として回収しているだけと説明しても、その価格表示は建設業法上、間違っている。住宅建設業者は、建設業法上の建設工事業者であって、住宅サービス業者ではない。サービス業を一体にするシステムにしたからといって、住宅建設工事にサービス業経費を潜り込ませてよいという理由にはならない。

大手住宅会社が「差別化」と呼んで、商品企画から設計・施工にいたる一連の業務は、住宅会社ごとの固有の設計施工システムにより用意されたものを消費者が選択するシステムである。その結果、消費者は自らが納得して最良の住宅を選んだのであるから、販売価格に対するクレームをいう例はほとんど皆無であり、住宅を中古市場に出すこともなく、住宅を保有し続けるか、相続人が建て替えるかして、中古住宅価格での取引はきわめて限られることになる。

大手住宅メーカー自体は、販売した住宅が中古住宅として登場し、新築住宅との競合関係を作り、新築市場を妨害することを望んでいない。大手ハウスメーカーは、自社の新築住宅に対する最大の競争相手になる住宅が、価値通りの価格で販売された中古住宅であることを知っている。それが日本の中古住宅市場を取引量の少ない市場にしている最大の理由である。

日本では、このような住宅建設業者を政府自身が住宅産業政策の中で育成し、住宅サービス業者として扱い、住宅の取引価格の中に広告・宣伝、営業・販売経費を潜り込ませるシステム販売を容認してきた。そのため、大手住宅メーカーを「住宅サービス業」と位置付け、住宅を償却資産であると説明し、中古住宅市場での取引価格の下落を、減価償却したといって正当化してきたのである。「木造住宅の償却期間は二〇年であるといい、一〇年も経過すれば、中古住宅価格は半額になって当然」、という説明がなされてきた。このような世界にも例のない扱いが、政府や住宅産業関係者により容認されてきたのである。

融資額と住宅の価値

住宅金融公庫が融資業務を閉鎖して以降、住宅金融は民間の金融機関によって行われてきたが、融資担保額の範囲内であれば、建設工事費以外の費用に対しても融資する方法は、そのまま踏襲された。金融機関が住宅メーカーの設定価格全額を融資額と認めているため、住宅購入者は、購入する住宅の価値は、金融機関も認めているものとして、価格は適正と考えて購入することになる。金融機関の融資額は、担保額で決まるものであって、住宅会社の設定した価格を融資対象住宅の価値と認めて融資額にしたものではない。

欧米の場合には、直接工事費(材料費、労務費および土地購入費)しか融資しない。それを日本の大手ハウスメーカーの場合に適用すると、その融資額は販売価格の四〇パーセントである。日本以外では「モーゲージ」といって、ローン債務と住宅と相殺するため、金融機関は住宅の市場での取引価格を重視し、差し押さえて回収できる直接工事費しか融資していない。住宅の価値と住宅価格が乖離《かいり》してよいとする説明は、日本以外の国では、科学的に受け入れられないだけではなく、まったく成り立たない説明である。

アメリカの既存住宅市場では、住宅価格は物価上昇率以上に上昇するため、市場規模も新築住宅市場の四倍程度になっている。

欧米では、いったん建設した空間は、生活者の要求に沿って改良し、維持管理することで、道路や公園や下水道などの都市施設同様、つねに時代のニーズに応える状態に管理されるべきものと考えている。時代とともに劣化する空間とは考えず、つねに改善され、文明に対応する優れた空間環境を維持していると考えている。そのため、それらの経済的な価値は、現時点で構築した場合に必要とされる再建築工事費として計算される。材料費および労務費は、物価を反映して上昇するとともに、都市空間が熟成すれば、その熟成分が加算されて、住宅、建築、都市の価格は上昇し続けていく。

日本で住宅に減価償却理論を持ち込めた背景として、日本では土地とまったく切り離され「償却されるもの」と理解され、ものは「経年劣化する」とする考え方が一人歩きしているためである。その考え方は、日本の地価高騰という経済社会環境の下で、高騰した地価に見合った土地利用の更新を行うために、それを妨げる建築物の取り壊しを合理化する理屈が必要とされていた。その更新を正当化するものとして、減価償却理論が受け入れられたのである。

5―バブル経済崩壊後の住宅・建築・都市

バブル経済の崩壊と「聖域なき構造改革」

都心で始まった地上げに対して、日本銀行が金融緩和を行ったことをきっかけに、当時「玉突き状態」と呼ばれた不動産の買い替え需要は都心から郊外へ、大都市から地方都市、やがて山岳や離島に向けてリゾート開発が取り組まれた。土地、株、証券、不動産開発が土地信用膨張を背景に一体となって取り組まれ、一時は日本の不動産投資がアメリカをはじめ世界中にまで展開した時期である。しかし、日銀が一気に金融引き締めを行ったことから、多数の不動産業、複数の政府系を含む金融機関や証券会社が倒産に追い込まれた。バブル経済の崩壊である。崩壊後、下落した地価は改善せず、購入した地価を前提にした土地の利用見込みが立たず、それが企業業績を悪化させただけではなく、日本経済をデフレ状態に低迷させることになった。

バブル経済の崩壊により、多くの金融機関は倒産し、住宅政策もこれまでの政府施策住宅を基本とする住宅建設計画法を維持できなくなり、公共住宅政策から民間の住宅産業・金融機関中心の住宅政策に転換することになった。住宅金融公庫および都市基盤整備公団は廃止され、住宅金融公庫は民間の住宅融資債権を買い取る住宅金融支援機構になり、都市基盤整備公団は「UR」と名称変更し、その保有する不動産を処分する清算機構になった。

日本の住宅金融は、欧米のように融資対象の不動産価値を担保に融資を行うモーゲージではなく、住宅ローン借受人の信用を対象にするクレジットローンである。その融資債権を換金する方法として、欧米ではモーゲージ債権を証券化(MBS)することで、二次金融を可能にしている。日本では欧米と違って、モーゲージではないが、融資の対象になっている個人信用債権（住宅、土地、ローン借受人の生命保険)が十分大きいので、それを証券化(MBS)して、住宅金融支援機構が買い上げ、それを金融市場で売却することが行われてきた。

そのため、日本のMBSと欧米のMBSとは、まったく金融証券上の性格が違うにもかかわらず、アメリカのMBSと同じ名称がつけられ、住宅金融支援機構に与えられた政府信用により、MBSとしてはアメリカ同様の取引が日本国内では行われている。問題はローン返済事故が発生した場合、ローン借受人が生命保険を使わず、自己破産を行った場合にその問題処理は違ってくる。日本のMBSは、融資額相当の価値が約束されないため、政府保証がなければ、MBSの所有者は元本回収が不能になる。

バブル崩壊により四分の一程度に縮小した地価を回復させることは、不可能であった。そこで小泉内閣が取り組んだ都市再生事業は、都市計画法、建築基準法など土地利用に関する行政法を改正して、これまでの土地利用の四倍程度の容積を可能にすることができれば、実質上バブル崩壊前の地価総額を回収できる理屈である。そのためには、既存の法定都市計画を改正しなければならない。既存の法定都市計画は、都市計画法の手続きをとって、憲法第二九条第二項で定めた公共性を付与した土地利用である。その土地利用を国家が変更する場合には、第二九条第三項（建築基準法第一一条)の規定により、国家は損失を受ける者に対して応分の補償をすべきことになっている。

しかし、「聖域なき構造改革」として実施された規制緩和は、通常の法定都市計画の決定と同じように実施され、この改正により不利益を受ける者に対して補償をすること自体を問題にしないものであった。マンション建て替え円滑化法の場合は、憲法第二九条第二項において、過去にはできなかったことを円滑化法第四条の基本方針を満たせば、公共性があるとみなせるから、強制建て替え事業が可能になる。

かつて、東京大学の高山栄華教授が、欧米の都市計画との関係で嘆息された「計画高権によって実現が担保された法定都市計画が、都市を誘導する」環境が日本に育っていないことが、この「聖域なき構造改革」に明確に示されている。

都市は、長期的な計画を実現する国家規模の大事業である。国民の総意で決められた都市計画が、国の経済政策により安易に変えられるようでは、都市計画に対する信頼感は育たない。半世紀以前の都市計画法制定時に、一〇〇年の計として都市計画は定められるもので、いったん決めた法定都市計画は国家賠償の対象になるため、よほどのことがない限り、政府のご都合主義で変更することがあってはならないとされていた。しかし「聖域なき構造改革」は、憲法第二九条を拡大解釈して、都市計画法および建築基準法等の改正として行われた。

経済主義に振り回された戦後の住宅・建築・都市政策

政府施策による量的供給が終わった段階では、それまで建てられた住宅は、基本的にスクラップ・アンド・ビルドの対象とされ、国民の生活を守る住宅として扱われることはなくなった。それらの住宅は、既存住宅市場で取引の対象にされず、建設廃棄物として取り壊され、建て替えざるを得ないとされてきた。住宅の建て替えは、既存住宅資産を取り壊すことであるから、住宅所有者に損失をもたらす。建て替えが一般的な住宅政策になったことは、フローとしての住宅産業は利益を上げることになったが、国民生活の基本である住宅ストックを失うことで、国民が例外なく損失を被り、新たに巨額の住宅ローンを抱えることになった。

日本には約五〇〇〇万戸の住宅がある。その住宅の土地建物としての資産額を二〇〇〇万円と仮定すると、国家全体では一〇〇〇兆円の住宅不動産資産があることになる。これがアメリカ並みに物価上昇率以上に五パーセント上昇しているとすると、全体で毎年五〇兆円以上の資産増が実現することになる。しかし、日本では欧米とは反対に、毎年マイナス三パーセント程度資産価値が下落し、その三〇兆円の下落分が新規の新築住宅として投資され、資産は増減なしの状態である。個人が資産を失っているだけではなく、国富自体が失われているのである。

しかし、GDPの低い財政的にも苦しい状況にあるといわれるPIIGS諸国（ポルトガル、イタリア、アイルランド、ギリシャ，スペイン）を実際に歩いてみると、その住宅・建築・都市は羨ましくなるようなゆとりと個性、誇りをもっていることを感じさせられる。すべての住宅所有者にとって、住宅を大切に管理することが、それ自身の資産価値を高めることになっている。住宅を持てない人には、国が社会住宅として、家計支出に見合った住居費負担で適正な品質の住宅を供給している。住宅を持つことは、どの国でも、経済的に重い負担であることに変わりはない。しかし、負担をしても、住宅の価値が物価上昇率以上に高まっていくという背景があるため、住宅所有者は投資として、住宅のリモデリングを実施し、そのために必要な資金も住宅の純資産（エクイティ）を担保に融資が受けられている。

日本でも、新築、既存住宅を問わず、資産価値を高めるために建て替え、リフォームを行うことが進められているが、高額な新築やリフォーム投資をした住宅が、経年することで欧米のように取引価格が上昇するという事例もモデルも存在しない。

事実を分析するにあたって、欧米の場合は、住宅の価値を科学的に評価する不動産鑑定制度がある。日本にもアメリカと名称は同じ不動産鑑定制度と評価方法は存在するが、その内容はまったく違い、非科学的である。欧米のシステムで日本の住宅を評価すれば、日本の住宅価格はその価値とは違っている。住宅の価値が減価償却するのではなく、新築住宅の販売価格自体が実際の住宅価値の二倍以上に価格付けされているだけである。

しかし、欧米で住宅の資産価値が経年して向上していること、日本の住宅が中古住宅で値崩れを起こしていること、いずれにも必然性がある。欧米で実現している住宅の資産価値が経年して上昇している必然性を実践すれば、日本でも実現は可能である。

住宅生産性研究会を創設して以来、会員会社の住宅地開発を介して多くのプロジェクトを実践してきた。各地で取り組まれた計画の中には、経年して資産価値が上昇する事例も生まれている。その中の一例を次に紹介する。

6―日本におけるストックの住宅――荻浦ガーデンサバーブ

欧米から導入された都市開発技術を駆使した開発

二〇一三年、福岡県糸島市で株式会社大建が取り組んだ荻浦ガーデンサバーブは、松尾憲親社長以下、社員が欧米の住宅を調査し、それらの事業に共鳴して実践に踏み切ったものである。

この計画では、その開発の基本として、一九六八年の都市計画法制定時の建設省内での都市局と住宅局の合意を活かし、イギリスの計画許可で実践できることを日本で実現する、予定建築物の支持地盤を人工地盤として築造した。その人工地盤上に、住宅戸数五〇戸未満の開発に対し、一人の個人または法人によって管理される用途上不可分の建築物で構成される一団の敷地（建築基準法施行令第一条第一号）の規定を使い、敷地面積二七〇〇平方メートルの住宅地に戸建住宅であれば、最大で一二戸しか計画できない土地に、連続住宅の一八戸＋コモンハウスを開発することで、家計費負担で購入できる地下空間付き住宅を開発計画にした。

当初は、イギリスのガーデンシティで魅せられたレンガ住宅を考えていたが、隣接する農村集落と調和するように、この開発では瓦屋根と白壁のデザインを基調に取りまとめられた。環境計画としては、中国で生まれた風と水のエネルギーを住宅地計画に取り入れた「四神相応の風水理論」に基づくものとした。この開発では、アメリカが一九六〇年代、戸建住宅の住環境をアパート並みの住宅価格で供給したタウンハウス・プロジェクトの経験を活かして人工地盤を設け、その上にタウ

荻浦ガーデンサバーブ

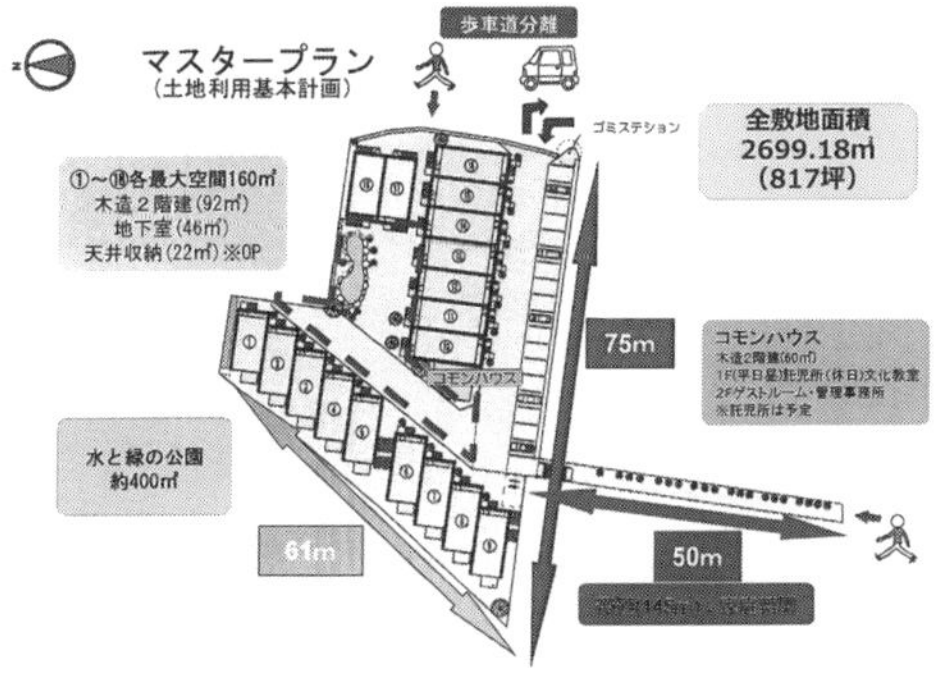

マスタープラン：敷地面積約 2,700 m²，歩車道完全分離，雨水の地下貯留施設，その地上部分に魚の住む池と樹林，耐震性および地盤液状化に対し安全な人工地盤を造り，その上にリースホールドによる持家 18 戸，2 × 4 工法による耐火建築物タウンハウスを建設。人工地盤の下部には，各住戸ごとに自然採光・換気のできる 1 戸当たり 50 m² の専用空間があり，アパート，スタジオ，店舗などミックスト・ユース空間が用意されている。18 台の駐車場に面しアメリカ楓の樹林を形成，風水の計画理論を活用，自然環境を活かした住宅地。

ンハウスを計画することで、高密度でゆとりのある住宅地を開発した。歩車道を完全に分離したラドバーンの計画理論をベースにして、中央に四〇〇平方メートルのコート（中庭）と五〇〇平方メートルの駐車場を計画、敷地内の降雨水を地下に貯留するエコロジカルな環境を実現した。

計画としては、多様なライフステージの世帯が集住するミックスト・ハウジングと、職住機能が混在するミックスト・ユースというアメリカのニュー・アーバニズムのコンセプトを取り入れて、犯罪の起きない、資産価値が維持向上される住宅地として計画された。

資産価値が維持向上される住宅地開発と経営

計画の実現上、最もエネルギーを使ったことは、居住者の家計費支出の範囲で購入できる住宅とするためにコストを切り下げることである。

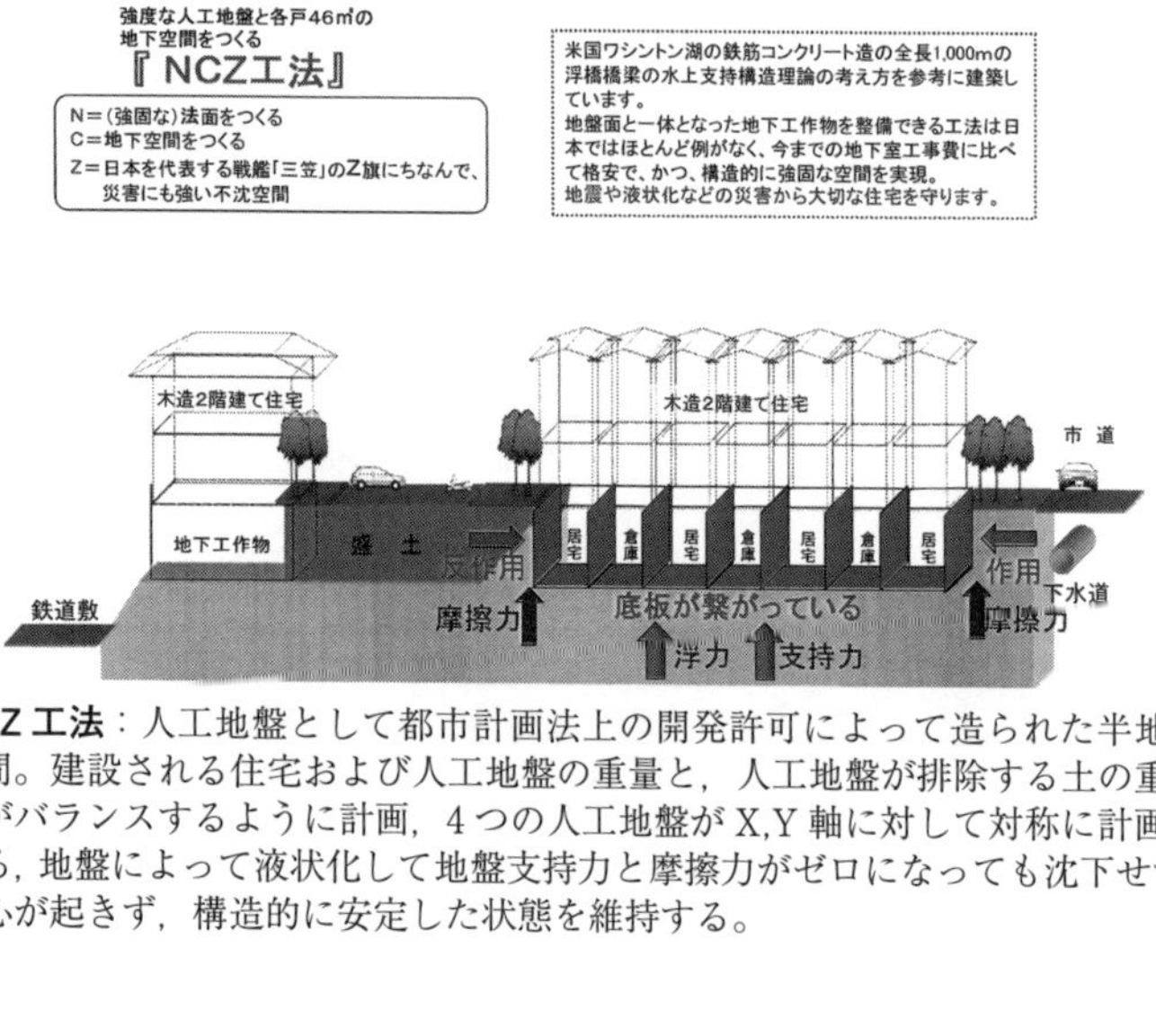
強度な人工地盤と各戸46㎡の
地下空間をつくる
『NCZ工法』
N＝（強固な）法面をつくる
C＝地下空間をつくる
Z＝日本を代表する戦艦「三笠」のZ旗にちなんで、
災害にも強い不沈空間
米国ワシントン湖の鉄筋コンクリート造の全長1,000mの
浮橋橋梁の水上支持構造理論の考え方を参考に建築し
ています。
地盤面と一体となった地下工作物を整備できる工法は日
本ではほとんど例がなく、今までの地下室工事費に比べ
て格安で、かつ、構造的に強固な空間を実現。
地震や液状化などの災害から大切な住宅を守ります。
木造2階建て住宅
木造2階建て住宅
市 道
地下工作物
盛 土
反作用
居宅
倉庫
居宅
倉庫
居宅
倉庫
居宅
作用
下水道
鉄道敷
摩擦力
底板が繋がっている
摩擦力
浮力
支持力

NCZ 工法：人工地盤として都市計画法上の開発許可によって造られた半地階空間。建設される住宅および人工地盤の重量と，人工地盤が排除する土の重量とがバランスするように計画，4つの人工地盤が X,Y 軸に対して対称に計画される，地盤によって液状化して地盤支持力と摩擦力がゼロになっても沈下せず，偏心が起きず，構造的に安定した状態を維持する。

リースホールドと高密度開発にすることで、地価負担を限界まで下げた。建築計画では、連続住宅のエンベロップ（外殻）面積を最小にすることで、建築コストを引き下げた。住宅価格は、一戸（一戸の床面積約一五五平方メートル）を二〇〇〇万円強まで引き下げることができたが、それでも取得が難しい人に対しては、賃貸分譲（一定期間賃貸住宅として居住し、その後、賃貸住宅として支払った家賃のうち、減価償却分を頭金と見なして分譲住宅とする）方式を導入したほか、一戸当たりの延べ面積が一五五平方メートルある住宅を貸間付き住宅、貸住宅併存、賃料収入が得られる住宅とすることにより、住居費負担の軽減を図る方法も検討している。

いずれもニュー・アーバニズムの基本コンセプト（ミックスト・ハウジング、ミックスト・ユース）を具体化することで、街の活性化を図っている。この住宅は地縁共同体として、居住者相互が家族の属性やライフステージの違いを尊重し合い、居住者がそれぞれの特性を生かしながら、協調してコミュニティを守ることで、高いセキュリティを実現している。

荻浦ガーデンサバーブは、開発規模は小さいが、雨水を貯水施設で地下貯留し、太陽光エネルギー発電で揚水する。揚水した水は、金魚の生息する池と、樹木へ給水する中水利用に使う。人工地盤による耐震および地盤液状化に耐える開発許可でつくられた構造は、低層高密な住宅地開発技法であるとともに、ハワードの提唱したガーデンシティのリースホールドによる資産形成を実現する住宅地経営を本格的に実践するとともに、地熱と太陽エネルギー利用、樹木と風と水を取り入れたエコロジカルな住宅地経営に総合的に取り組んだ、わが国最初の事例である。

資産価値が向上する仕組み

この開発で最も重視したことの一つは、住宅を購入した居住者が、住宅の資産価値を高めるシステムをこの計画の中に取り入れることを、アメリカのニュー・アーバニズムの理論と経験の中から学び実践することであった。ニュー・アーバニズム技術の開発の歴史を追って時系列的に検討したところに従って、以下にその構成する技術を説明する。

(1)セキュリティの高い住宅(TND)：アメリカでは昔から、住宅の資産価値を崩さないようにするためには、侵入者に対し安全なセキュリティの高い住宅といわれてきた。当初は物理的に警戒し、侵入者から防衛することが行われていたが、結局、落ち着いたところは、居住者がお互いを理解し尊重し合う、民主的な関係をつくることが、セキュリテイの高い環境をつくることがわかった。

(2)住宅の資産価値が高まる基本的な条件は、人びとがその住宅地に住みやすい、住みたいということがなければならない。住みやすいということは、経済的、文化的、機能的、性能的に住みやすいということで、居住者が共通して実現しようとするライフスタイルが育まれることである。経済的な条件は、住居費であり、文化的には「わが家、わが街」といった帰属意識がもてること、機能的には多様なライフステージに対応できること、性能的な条件は、気候風土など外部環境の変化に対し快適な生活がおくれることである。

そのためには、多様なライフステージの世帯が生活し、お互いの能力を発揮し、享受し合うことが、結果的にお互いの生活を豊かにすること、住民が主体性をもってハードとソフトなルールを

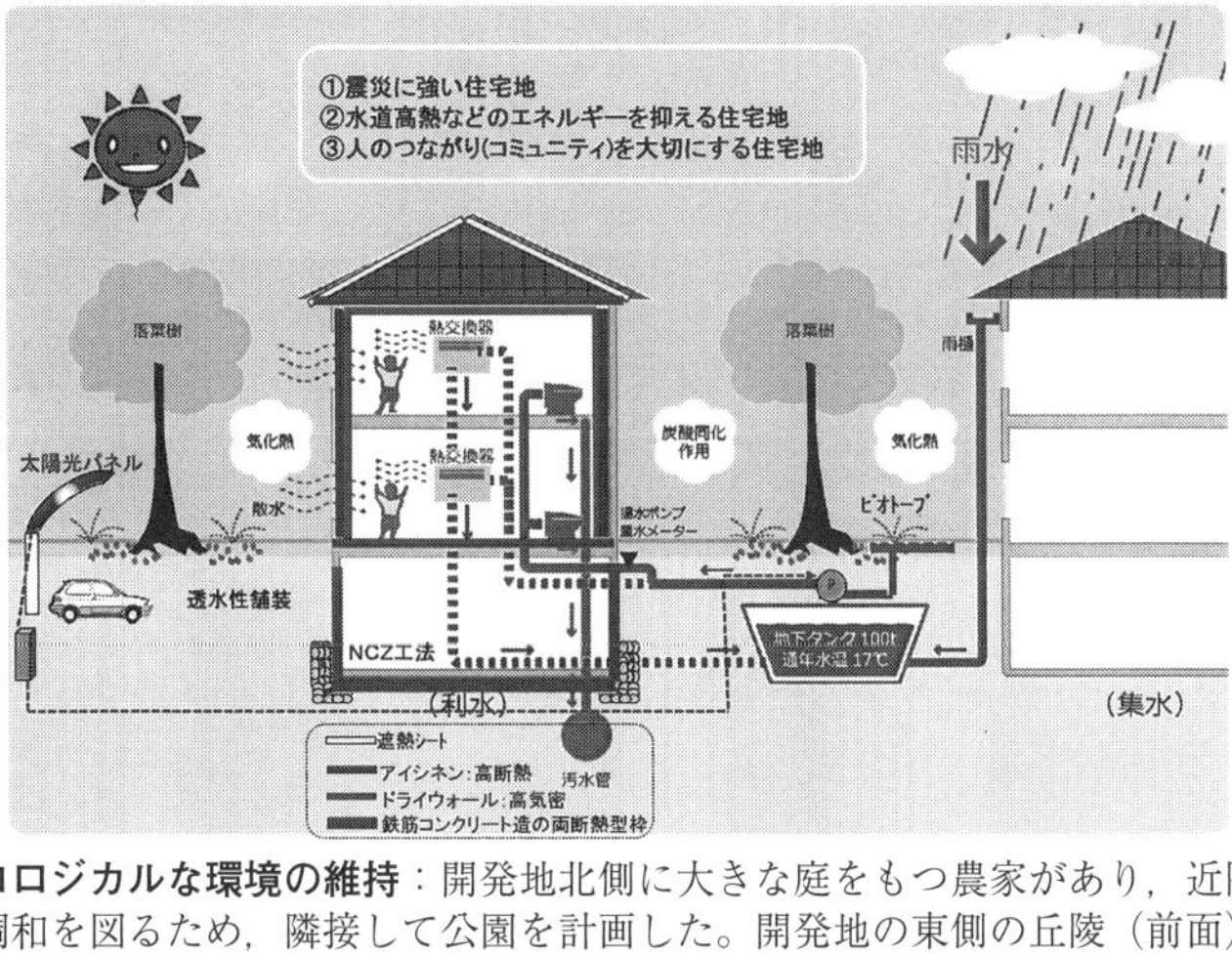

エコロジカルな環境の維持：開発地北側に大きな庭をもつ農家があり，近隣との調和を図るため，隣接して公園を計画した。開発地の東側の丘陵（前面）には，140 年の歴史をもつ農家群がある。開発地の東に正門を造り，丘陵からの風の流れを住宅地の中庭（面積 400 m^2）に取り込み，そこから各戸に風を分散する。中庭には，地下に約 200 m^2 の礫が重なって造られた雨水調整池を設け（貯留能力 130 m^2），敷地内の雨水を全量貯留する。貯留水の温度は年間平均して 13 ～ 15°C で，この水は熱交換に利用できるだけではなく，緊急時の飲料水としての利用も可能である，現在は中水利用である。

作り、ルールを尊重し合って生活することである。

(3)ニュー・アーバニズムによるミックスト・ユースとミックスト・ハウジングとは、居住者それぞれのライフステージにおける個性的な生き方を尊重し合う原則が守られれば、結果的に居住者相互の知識、能力、ネットワークを利用し合うことによって、経済的にも社会的にも効率性の高い生活が営まれることになる。

荻浦ガーデンサバーブでは、コモンハウスとコモン空間、住民の農園、四季を感じる花木を共有する庭などを住宅地全体に計画し、居住者の接点をつなぐことで住みやすい環境を形成できるように計画されている。

また各居住者それぞれが、五〇平方メートルの半地下階空間を、副業、下宿、アパート、趣味の空間、各種スポーツ、音楽・ダンスなどのスタジオ、商業業務空間など、その能力と関心を生かす空間として利用することで、副収入を得、相互に各種サービスを提供できる。

(4)居住者間で提供できるサービスを提供し合うローカルマネーと同じ仕組みは、この住宅地からお金が逃げ出さないだけではなく、地区外からこの住宅地に資金が流入することで、住宅地全体として豊かになる。居住者それぞれの関係は、強い絆で縛り合う必要はない。むしろ、お互いがそれぞれ違った人間であることを理解し、一定の距離を保って尊重し合うことこそ、民主的で住みやすい環境を形成する。

健康への関心は、食糧やエクササイズに向かうが、コモンハウスや住民の農園は、費用を掛けないでその要求に応えることができる。それらの営みは固定的である必要はなく、柔軟に居住者のニーズに対応することで変化していく。

(5)大切なことは、住宅地の立地する地域の歴史・文化と調和し、地域文化の担い手として、住民が対等の立場で自由にルールを作り、そのルールに従って、この住宅地の空間を主体性をもって経営管理することである。そのためには、最終的に住民が総意で決めたルールを守ることが必要である。

住宅地経営管理協会が、最終的には強制権を行使することができるルールをもち、それを行使することができることで、住宅地の秩序が守られる。そのような住宅地は、多くの人が生活したいと憧れる住宅地に育っていく。そこに生活する住民が、住宅地の環境を形成する。

(6)いつでもみんなが生活したいと願う住宅であって、基本的に居住者の所得に対応した住宅費で生活できる住宅地には、需要者が日白押しになる。そこで形成された人間関係によるソフトなシステムは、住宅地の熟成内容として高い価格を払っても、買いたいと思う人が集まってくる。

荻浦ガーデンサバーブは、居住者のたゆまない努力によって、年を追って物価上昇率以上の高い経済的値上がり評価を受ける住宅地に育っていく。最も重要な問題は住宅価格であり、まず入居希望者の家計費支出の範囲で負担できる価格で販売することに最も重点をおいている。

(7)住宅価格とその住宅が提供する住宅の効用（デザイン、機能、性能）を交換する「等価交換」を実現する鍵が、住宅の流通問題である。その住宅を購入しようとする決定的条件は、「わが家、わが街」と感じることのできる帰属意識をもてるかどうかということである。人びとの歴史文化の集積として生活環境がつくられていく住宅地経営が大切にされなくてはいけない。その原点は、住宅地に居住する人びとが、それぞれ違った価値観をもつ個性であることを前提として、居住者の総意で合意したルールを尊重する住宅地経営を行うことである。

(8)フランク・ロイド・ライトが住宅の四原則を挙げている。以下に紹介する四原則が、ニュー・アーバニズムによって明らかにされた資産形成を高めることのできる住宅地経営の原則である。

第一原則：土地を大切にせよ。住宅は土地の加工形態で、その土地が育んできた歴史文化を尊重しなければならない。

第二原則：住宅地の形成に使われる材料と工法を大切にせよ。それらこそ、住宅地が担っている文化を形成するからである。

第三原則：居住者を中心にした環境をつくるようにせよ。物としてどれだけ立派でも、居住者のニーズに応えられない住宅は壊してしまえ。

第四原則：住宅環境形成は、民主主義の実現である。住宅地に居住する人は、お互いの違いを尊重することがなければいけない。

(9)住宅の資産価値が上昇し続ける欧米のような住宅地は、住宅地自体が立地するロケーションの歴史文化を発展させるよう計画され、その街のコンセプトを自分の求めるライフスタイルと考える人びとの自主的なコミュニティとして経営されることで、高い満足感を与える。その結果、そのような生活を求める人びとにとっては、売り手市場を維持するため、住宅の価値は推定再建築費以上となり、物価上昇率以上に上昇し続けることになる。ここで、そのコンセプトを支持する人びとに高い満足を与えることが重要で、万人が支持する住宅地である必要はない。

［執筆者経歴］
戸谷 英世（とたにひでよ）
特定非営利活動法人住宅生産性研究会理事長
一級建築士、技術士（建設部門）、建築主事資格、国家公務員上級職甲（建築職）
建設省住宅局建築指導課、技術調査官、建築研究所、住宅都市整備公団、大阪府、愛媛県、インドネシア共和国公共事業省、㈶国土技術開発センター、ABC開発㈱
「住宅を取得することで資産形成ができる」ことが、日本以外の国の常識になっている。国民の支払い能力の範囲で高品質の住宅が購入でき、居住者のライフステージ・ライフスタイルに対応して豊かな生活を享受できる「わが家」は、適正な維持管理と必要なリモデリングを繰り返し、物理的・社会的にも老朽化することはない。住宅不動産の鑑定評価は、現時点での推定再建築費以上に評価され、住宅地の熟成を加味した資産価値の評価額である。この半世紀、この欧米の住宅の仕組みを日本で実現することに取り組む。
著書に、HICPM『サステイナブルコミュニテイの実現』、『アメリカの家・日本の家』、『住宅により資産を築く国、失う国』（共著）（井上書院）、『アメリカの住宅地開発』（共著）（学芸出版社）、『アメリカの住宅生産』（住まいの図書館）、『最高の工務店を造る方法』（エクスナレッジ）ほか多数

フローの住宅・ストックの住宅
――日本・アメリカ・オランダ住宅比較論

二〇一五年八月十日 第一版第一刷発行

著 者 戸谷英世 ©
発行者 石川泰章
発行所 株式会社井上書院
東京都文京区湯島二ー一七ー一五 斎藤ビル
電話〇三ー五六八九ー五四八一
振替〇〇一一〇ー二ー一〇〇五三五
http://www.inoueshoin.co.jp/
印刷・製本 美研プリンティング株式会社
装 幀 高橋揚一

ISBN 978-4-7530-2290-8 C3052 Printed in Japan